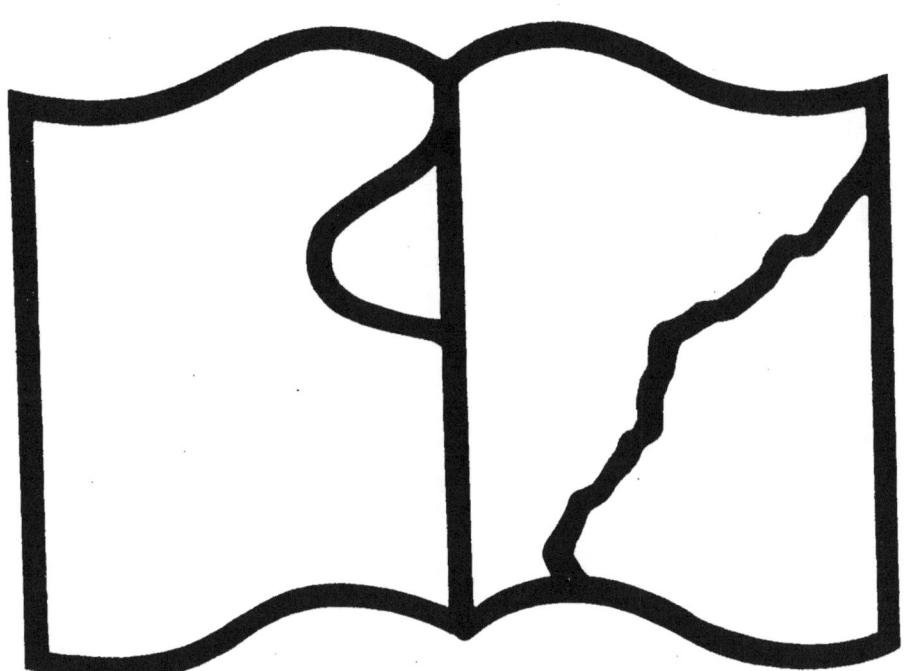

Texte détérioré — reliure défectueuse

NF Z 43-120-11

JOURNAL MENSUEL

DES TRAVAUX

DE

L'ACADÉMIE NATIONALE

AGRICOLE, MANUFACTURIÈRE ET COMMERCIALE

ET DE

LA SOCIÉTÉ FRANÇAISE DE STATISTIQUE UNIVERSELLE

SOUS LA DIRECTION

DE M. P. AYMAR-BRESSION

REVUE GÉNÉRALE

DE L'EXPOSITION UNIVERSELLE DE LONDRES

EN 1862

PARIS

BUREAUX DE L'ADMINISTRATION, RUE LOUIS-LE-GRAND, 21

—

1862-1863

AVIS IMPORTANT.

Dans ce volume se trouvent réunis tous les bulletins dans lesquels l'Académie nationale a publié la Revue générale de l'Exposition universelle de Londres.

Ces bulletins, appartenant aux années 1862 et 1863, contiennent, tout naturellement, deux paginations différentes; mais la table des matières placée à la fin de la Revue rend toute recherche extrêmement facile.

LA FRANCE A LONDRES

EN 1862

PARIS. — IMPRIMERIE DE J. CLAYE
RUE SAINT-BENOIT, 7

LA FRANCE
A LONDRES EN 1862

REVUE

DE L'EXPOSITION UNIVERSELLE

du Palais de Kensington

PAR

M. AYMAR-BRESSION

DIRECTEUR GÉNÉRAL DE L'ACADÉMIE NATIONALE ET DE LA SOCIÉTÉ FRANÇAISE DE STATISTIQUE UNIVERSELLE,
MEMBRE DE LA SOCIÉTÉ DES GENS DE LETTRES,
DE LA SOCIÉTÉ IMPÉRIALE ZOOLOGIQUE D'ACCLIMATATION ET DE PLUSIEURS SOCIÉTÉS SCIENTIFIQUES FRANÇAISES ET ÉTRANGÈRES
MEMBRE DU JURY DE L'EXPOSITION UNIVERSELLE DE BESANÇON DE 1860, ETC., ETC.

1862-1863

BUREAUX DE L'ACADÉMIE NATIONALE

24, RUE LOUIS-LE-GRAND

PARIS

1863

A MONSIEUR LE COMTE DE VIGNERAL

PRÉSIDENT DE L'ACADÉMIE NATIONALE.

C'est à vous, cher Président, que je dédie les quelques centaines de pages de ma Revue générale de l'Exposition universelle de Londres. J'avais présenté le même hommage à votre honorable prédécesseur, M. le vicomte de Cussy, à l'occasion de l'Exposition universelle de 1855.

Votre nom et le sien ne se partagent-ils pas également l'estime et l'affection de tous nos nombreux confrères ?

L'Académie nationale, vous le savez, est une immense famille où la mémoire du cœur est surtout cultivée.

Laissez-moi donc rappeler que ces deux noms ont exercé et continueront d'exercer encore dans l'avenir la plus heureuse influence sur les destinées de la Société.

Puis, que cette humble dédicace d'un travail plus humble encore, soit pour vous une nouvelle preuve de l'attachement personnel d'un homme qui a consacré trente et un ans de sa vie à la Société que vous présidez aujourd'hui, et qui espère demeurer, quelque temps encore, votre fidèle compagnon.

P. AYMAR-BRESSION.

AVANT-PROPOS

En écrivant l'histoire de l'Exposition universelle de Londres, je ne me suis dissimulé ni mon insuffisance ni l'impossibilité d'embrasser, dans quelques centaines de pages, cet immense ensemble d'objets si divers. Reproduire à larges traits la physionomie de la lutte; disputer pied à pied le terrain que la concurrence voudrait nous enlever; nous révolter avec la plus entière bonne foi contre certaines tendances étrangères, nuisibles au développement de l'industrie française; constater l'élan sincère de tous les peuples vers un rapprochement plus intime; accentuer vivement la part de la France dans le progrès universel; insister sur les exemples que nous avons à suivre; faire ressortir au milieu des 29,000 exposants du palais de Kensington les travaux de ceux de nos collègues de l'Académie nationale qui y ont été admis, sans pour cela exclure de notre revue les industriels les plus méritants qui ne sont pas encore des nôtres; grouper enfin, sans aucune prétention littéraire, les faits qu'il nous a été donné de constater, pour en tirer plus tard toutes les déductions économiques qu'ils comportent, tel a été notre programme.

Notre livre n'est rien, nous nous hâtons de le reconnaître, en présence des rapports officiels publiés par M. Chaix. Ces rapports, étudiés et rédigés par les intelligences les plus compétentes, par des hommes qui sont la gloire de la science française, doivent faire autorité; ils constituent un magnifique bilan du progrès moderne; ils établissent un point de départ éminemment sûr pour l'avenir; ils forment enfin, à part quelques parties faibles, un monument impérissable.

Nous n'avons tracé qu'une esquisse, et cependant, que de travail elle nous aura coûté!

Puissions-nous retirer des longues veilles que nous avons consacrées à ce modeste tableau, la conviction d'avoir été utile! nous n'ambitionnons pas d'autre satisfaction.

Le rapport de l'Académie nationale sur l'Exposition universelle de Londres était terminé dès le mois de décembre 1862; mais nous avons attendu, pour le publier au complet, la cérémonie de distribution, annoncée d'abord pour les premiers jours de 1863 et renvoyée au 25 janvier. Nous tenions à enregistrer les nouvelles récompenses qui pourraient être accordées à plusieurs de nos collègues, ce que nous nous sommes empressé de faire. Nous espérions, enfin, la réparation de plusieurs oublis et le redressement de diverses erreurs que nous nous étions fait un devoir de signaler.

Notre voix est venue expirer contre des décisions irrévocables.

Il ne nous reste plus qu'à réclamer l'indulgence de nos lecteurs : en mettant en regard les difficultés de l'œuvre et notre bonne volonté, ils ne sauraient nous la refuser.

JOURNAL

DES

TRAVAUX DE L'ACADÉMIE NATIONALE

AGRICOLE, MANUFACTURIÈRE ET COMMERCIALE

ET DE

LA SOCIÉTÉ FRANÇAISE DE STATISTIQUE UNIVERSELLE

Trente-deuxième Année. — **Bureaux, rue Louis-le-Grand, 21.** — Aout 1862.

Séances mensuelles : à l'Hôtel de Ville de Paris.

REVUE DE L'EXPOSITION UNIVERSELLE DE LONDRES

EN 1862

PAR M. AYMAR-BRESSION

Directeur général de l'Académie nationale et de la Société française de statistique universelle,
Ancien membre du jury de l'Exposition universelle de Besançon, membre de la Société des gens de lettres,
de la Société impériale d'Acclimatation, etc., etc.

HISTOIRE DU PALAIS DE KENSINGTON. — STATISTIQUE DES EXPOSANTS FRANÇAIS ET ÉTRANGERS.
PRODUITS DES EXPOSANTS APPARTENANT A L'ACADÉMIE NATIONALE.

Un travail d'ensemble sur l'Exposition universelle de Londres présente des difficultés inouïes, je dirai même insurmontables. Il y a là matière à exercer pendant plusieurs années l'intelligence de tous les savants de la terre.

Quel parti devions-nous prendre pour aboutir à un travail passable?

Fallait-il nous borner purement et simplement à nommer ceux de nos collègues qui ont eu l'honneur d'exposer?... C'était peut-être très-prudent.

Ou devions-nous nous efforcer d'esquisser à longs traits cet immense tableau sans commencement ni fin?

Nous nous sommes arrêté au programme suivant. Nous publierons :

1° L'historique du palais ;

2° Une énumération statistique des exposants français, divisés par classes, conformément au catalogue officiel ;

3° Un résumé des appréciations de toutes les commissions départementales avec nos observations personnelles ;

4° Une notice particulière sur tous les produits de ceux de nos collègues qui sont inscrits au catalogue ;

5° Un aperçu de toutes les expositions étrangères ;

6° Des notes complémentaires sur les omissions qui pourraient nous être signalées ;

7° Et des articles de fond sur quelques industries spéciales, signés de leurs auteurs.

Puissions-nous être assez heureux pour remplir cette lourde tâche que nous n'entreprenons pas sans effroi, mais dans laquelle, nous aimons à le croire, nous serons soutenu par l'indulgence de tous ceux qui nous liront.

Nous terminerons par des considérations générales sur les résultats probables de l'Exposition universelle de 1862, sur la part qui a été faite à chaque nation dans la répartition des récompenses, et enfin sur la moralité de l'œuvre.

Deux exagérations sont à craindre pour tous les écrivains qui auront la témérité d'entreprendre l'histoire de l'Exposition universelle de 1862. Tâchons de nous préserver de l'une et de l'autre, et, si nous ne pouvons nous proclamer anglophile, ne nous montrons cependant pas anglophobe, c'est-à-dire soyons juste et ne transigeons d'aucune façon avec la vérité.

La première exposition universelle a eu lieu à Londres en 1851, la deuxième à Paris en 1855, la troisième est revenue à son point de départ. Nous ne pouvons raisonnablement placer sur le même plan, pas plus les expositions de New-York, de Dublin, de Florence, de St-Pétersbourg, que nos expositions départementales chez lesquelles la prétention d'universalité n'a été qu'une illusion de mot.

Voici pour le fait.

Mais l'idée! c'est différent! Nous ferons acte de justice en la maintenant à qui de droit.

L'idée des expositions universelles a été conçue, développée, dessinée et imprimée bien avant 1851 par un de nos compatriotes, par notre collègue M. Amédée Couder dont le nom, à ce titre, mériterait peut-être une inscription sur tous les monuments que l'on pourra consacrer aux expositions de l'avenir.

On veut bien paraître ignorer cette particularité, mais cette ignorance volontaire n'aura qu'un temps, et nous mettons cette protestation sous la protection de l'histoire.

Avant d'aborder l'examen des produits de ceux de nos collègues qui ont eu l'honneur d'être admis à l'Exposition universelle de 1862, nous devons quelques pages à la description du palais et à la physionomie de l'ensemble.

La première exposition avait laissé un bénéfice de 5 millions de francs. Cette somme servit à acheter le domaine de Kensington-Gore, situé à quelques centaines de mètres de l'emplacement qu'occupait dans Hyde-Park le Palais de Cristal de 1851, dont les matériaux sont entrés pour une bonne part dans la construction de l'immense et splendide palais de Sydenham.

C'est donc sur ce terrain que fut construit le gigantesque édifice que M. Théophile Gautier a baptisé du nom de grande cathédrale du monde industriel.

Il est à regretter, répéterons-nous avec M. Elisée Reclus, qui, soit dit en passant, a composé pour la période de l'Exposition un excellent petit livre sous le titre de *Guide à Londres,* que nous recommandons à tous les voyageurs et auquel nous emprunterons, plus loin, la description de l'édifice faite sur les plans mêmes, il est à regretter que la commission n'ait pas mis au concours le plan de l'édifice de Kensington-Gore, comme l'opinion publique le réclamait vivement en Angleterre; mais des considérations d'un ordre tout secondaire l'ont emporté, et le projet du capitaine Fowke, sous la direction duquel avaient été déjà élevées les misérables bâtisses, en fer et en bois, du musée de South-Kensington, fut discuté, modifié et finalement accepté tout à fait en famille. — On voulut bien ignorer que le principe du concours doit être sacré, surtout lorsqu'il s'agit d'un palais où tous les industriels du monde doivent concourir eux-mêmes, et tous les plans des architectes étrangers à la commission furent systématiquement écartés. Il est permis de s'en plaindre, car la construction élevée par le capitaine Fowke ne doit une certaine beauté grandiose qu'à ses dimensions colossales. C'est une gare, un immense entrepôt qui n'a pas même le mérite de la symétrie.

Les fonds nécessaires pour l'érection du palais ont été faits par un certain nombre de banquiers et de membres de l'aristocratie, parmi lesquels figurait en première ligne le prince Albert de regrettable mémoire.

La dépense totale s'est élevée à 10,750,000 fr. Si la combinaison des fondateurs avec MM. Kelk et Lucas frères, adjudicataires de l'entreprise, réussit, c'est-à-dire si les recettes dépassent le chiffre que nous venons de donner, le palais restera et sera probablement utilisé, soit pour une exposition permanente, soit pour un immense Conservatoire. Dans ce cas, il faudra bien dépenser encore quelques millions pour consolider l'édifice qui menace ruine, et qu'il a fallu étayer dans toutes ses parties par d'énormes croisillons en fer qui gênent passablement la circulation.

Nous désirons, nous, que le chiffre de 10 millions soit considérablement dépassé, car nos voisins sauront employer l'excédant de leurs recettes à quelque grande œuvre nationale dont le monde entier profitera.

Le nombre des visiteurs du Palais de cristal de 1851 fut de 6,039,195. Depuis cette époque la population de Londres s'est accrue de 500,000 âmes. Depuis cette époque aussi les lignes de fer se sont multipliées partout; le goût des voyages s'est emparé de tout ce qui pense et s'agite ici-bas, et, sans sortir d'Angleterre même, les chemins de fer de Londres, qui pouvaient amener et ramener 40,000 voyageurs par jour seulement, sont arrivés aujourd'hui au chiffre d'environ 240,000 en 24 heures! Comment voulez-vous donc que les recettes n'augmentent pas? — Ouvrez votre palais le dimanche, et vous aurez 20 millions!

Nos bons amis les Anglais nous laissent bien loin d'eux sous le rapport de l'esprit de spéculation! Ils poussent l'audace jusqu'à l'incroyable et l'impossible; ils savent tirer parti de tout et font de tout une question de livres ou de shillings! Kensington-Palace est pour Londres, pour la Grande-Bretagne tout entière, une question scientifique. Oui..., mais d'argent encore plus! Quel roulement, quel engloutissement de shillings! Tous les shillings de l'univers se sont donné rendez-vous à Londres, et Dieu sait s'ils s'y reposent!

Nos voisins ont commencé par faire un premier tirage de leur catalogue à 250,000 exemplaires, et par vendre les pages d'annonces de ce livre à raison de 1,500 à 2,500 fr. la page!

Ils ont construit dans toutes les directions de Londres de nouveaux hôtels pour les étrangers, et une innombrable nuée de spéculateurs âpres à la curée s'y tiennent constamment en éveil pour rançonner à qui mieux mieux le visiteur...

O vous tous que la nature a faits confiants, prenez garde à vos poches! C'est la police anglaise elle-même qui vous fait cette recommandation.

Mais rentrons dans notre sujet.

Les travaux du gigantesque édifice ont commencé le 9 mars 1861, et le 12 février 1862 les entrepreneurs le remettaient aux commissaires. — Bien qu'il ne fût pas complétement terminé, ce n'en était pas moins un tour de force prodigieux.

Voici pour ceux qui ne verront pas *Kensington-Palace* et qui voudront cependant avoir une idée juste de ses proportions, quelques détails sur les matériaux qui sont entrés dans sa construction.

5,000 tonnes de béton pour les fondations.

18,000,000 de briques représentant 60,000 tonnes, cimentées par 22,000 tonnes de mortier.

7,000 tonnes de fonte. — 3,000 tonnes de fer forgé. — 300 tonnes de clous. — 600 tonnes de peinture. — 500 tonnes de verre. — 50 tonnes de mastic.

Un statisticien quelconque a calculé que si l'on voulait prendre toutes les colonnes de fonte qui sont entrées dans le palais et les placer bout à bout, elles couvriraient une étendue de terrain de plus de cinq milles! De même que si l'on voulait mettre bout à bout les planches des parquets, on obtiendrait une longueur de mille kilomètres environ!

Le palais couvre une superficie de plus de 10 hectares, c'est-à-dire environ 2 hectares de plus que celui d'Hyde-Park (1851), et compte en outre 3 hectares d'annexes.

Il y aurait donc de la sévérité à reprocher aux entrepreneurs de n'avoir pas rigidement rempli les clauses du cahier des charges.

Du reste, si les entrepreneurs se sont fait attendre, que dire d'un grand nombre d'exposants qui ont laissé passer le 1er mai avant de compléter leur exposition?

Ce sont précisément ceux qui devaient être les premiers en place qui sont venus les derniers. Je voterais volontiers une grande médaille d'honneur à la République de Libéria et aux colons de Sainte-Hélène pour avoir donné à l'Europe une leçon d'exactitude.

Les produits de la République de Libéria et de Sainte-Hélène sont en effet arrivés les premiers, bien que les plus éloignés.

La première impression du visiteur qui arrive par Cromwell-Road est loin d'être favorable à l'édifice. On le prendrait bien plutôt pour un château-fort que pour un palais consacré aux nobles luttes de la paix; les Anglais eux-mêmes ont ironiquement donné le nom de *Glass crinolines* aux deux gigantesques dômes qui le couronnent. Ces hautes murailles en briques jaunes et ternes s'élèvent comme une ceinture de froides fortifications et donnent à la physionomie extérieure quelque chose de glacial.

Laissons M. Élisée Reclus nous donner la description exacte du palais et de ses distributions intérieures, et après ce premier coup d'œil sur l'ensemble, nous aborderons de suite la partie française.

EXTÉRIEUR DU PALAIS. — Le palais de Kensington n'est point construit uniquement en fer et en verre, comme l'éblouissant Palais de cristal élevé en 1851 ; l'expérience obtenue pendant le cours des onze dernières années a prouvé que, dans les conditions actuelles de la science et de l'art de bâtir, le fer et le verre n'ont pas la force de résistance des autres matériaux de construction et nécessitent de constantes réparations; en outre, d'après les architectes du nouveau palais, le verre a le grand défaut d'admettre uniformément la lumière et de forcer les exposants à employer toutes sortes d'expédients pour distribuer convenablement les ombres, surtout dans les galeries où sont placées les œuvres d'art. On a donc renoncé à donner au nouvel édifice l'aspect féerique du palais de Sydenham, et l'on a eu recours à la brique et au mortier pour bâtir dans le genre des entrepôts de Londres une immense construction d'apparence maussade et dépourvue de toute harmonie dans ses proportions : on saurait difficilement imaginer une masse plus lourde et plus démesurée. Quoi qu'en disent les flatteurs intéressés, l'architecture de l'édifice ne fait pas honneur au bon goût des commissaires de l'Exposition. On doit également leur reprocher de n'avoir pas ménagé autour du palais de larges rues et de vastes pelouses où des centaines de mille personnes pourraient circuler à l'aise. L'édifice de Hyde-Park était bien mieux situé que le palais actuel.

La façade principale est tournée au sud vers Cromwel-Road. Ce corps de bâtiment offre une ligne presque uniforme de 346 mètres de longueur, interrompue seulement par cinq pavillons, dominant à peine le toit.

Le pavillon central est percé de trois portes en plein cintre du style de la Renaissance, ayant chacune 6 mètres de large et 9 mètres de haut; au-dessus de la porte du milieu se trouve l'horloge, dont le cadran a 4 mètres 50 de large, et qui frappe les heures sur cinq cloches différentes : à chaque extrémité de la façade s'élèvent à une petite distance l'un de l'autre deux pavillons latéraux percés chacun d'une seule arcade qu'un balcon sépare en deux parties, servant l'une de porte et l'autre de fenêtre. Outre les arcades des pavillons, on a ménagé dans la muraille du corps de bâtiment lui-même trente-deux arcades, dont treize de chaque côté du pavillon central et trois entre les pavillons latéraux ; mais, afin de ne pas laisser entrer trop de jour dans la galerie de tableaux qui occupe cette partie de l'édifice, on a eu la malheureuse idée de murer toutes les arcades et de les transformer ainsi en fausses fenêtres; la partie inférieure de ces arcades laisse seule pénétrer la lumière dans l'intérieur de l'édifice. Plus tard, ces fausses fenêtres seront décorées de fresques, et « le manque de fonds, dit naïvement le rapport officiel, pourrait seul empêcher les ornements de la façade de rivaliser en beauté avec les mosaïques de Florence, les terres cuites de Milan, de Pavie, et les œuvres de della Robbia. » Espérons!

Les deux façades de l'est et de l'ouest, qui donnent, la première sur Exhibition-Road, la seconde sur Prince-Albert-Road, sont toutes les deux construites sur le même plan ; elles ont une longueur de 207 mètres.

Le corps principal de chacune des façades, partagé en deux moitiés inégales (dans la proportion de 9 à 8), offre une série d'arcades géminées ne laissant passer le jour, comme les arcades de la grande façade, que par leur partie inférieure. Au pavillon qui forme l'angle méridional correspond, à l'extrémité septentrionale, un pavillon de même forme : au milieu s'élève un porche de proportions gigantesques, dont la grande porte, haute de 18 mètres et large de 15 mètres, est décorée d'une rosace; des deux côtés s'ouvrent deux portes plus petites, mesurant 4 mètres 50 centimètres de largeur sur 12 mètres d'élévation.

C'est en arrière du porche que se dressent, au-dessus des deux façades orientale et occidentale, les énormes *dômes* en fer et en verre qui sont les parties les plus remarquables de l'édifice, non pas tant au point de vue architectural qu'au point de vue industriel. Beaucoup trop vastes en apparence pour la masse qui les supporte, ces coupoles atteignent une hauteur de 75 mètres au-dessus du sol et mesurent à la base une largeur de 48 mètres : ce sont les plus grandes du monde entier, puisqu'elles dépassent de 5 à 6 mètres celles de Saint-Pierre et du Panthéon de Rome, et la coupole de la salle de lecture du Musée britannique. Leur forme n'est pas circulaire : elles se composent de douze moitiés de *fuseaux* sphériques; une galerie extérieure entoure leur base, et leur sommet se termine par une hampe dorée d'apparence massive; les baguettes de bois qui séparent les plaques de verre et viennent couper sous divers angles les nervures en fer de la coupole, produisent un effet des plus désagréables.

L'érection de ces deux prodigieuses coupoles a été confiée aux constructeurs du vaisseau cuirassé le *Warrior*, et malgré l'habileté et l'expérience de ces ingénieurs, ce n'est pas sans peine et sans danger que l'œuvre a pu être menée à bonne fin. Ce n'était pas petite chose en effet que de hisser à 60 et 75 mètres d'élévation des pièces de fer dont quelques-unes pèsent 60 tonnes. Aussi a-t-il fallu employer les moyens mécaniques les plus puissants qui soient à la disposition de l'industrie; à l'intérieur, on avait construit une énorme tour cylindrique en bois, de 30 mètres de diamètre et de 60 mètres de hauteur, partagée en dix étages par des madriers et pourvue de machines à vapeur qui élevaient tous les matériaux. Quels que soient les défauts de ces dômes au point de vue de l'art, on ne saurait donc s'empêcher de les admirer comme des monuments de la puissance humaine.

Les *annexes* continuent les façades latérales le long d'Exhibition-Road et de Prince-Albert-Road. L'annexe occidentale se compose de quatre travées parallèles en bois, longues de 261 mètres et larges de 15 mètres chacune.

L'annexe orientale est un peu moins longue que la première; elle se compose de plusieurs galeries entourant une vaste cour rectangulaire.

Quant à la façade septentrionale, elle est de beaucoup la plus élégante de l'édifice; mais on ne peut la voir qu'en pénétrant dans les jardins de la Société d'horticulture : c'est de là seulement qu'on peut apercevoir à la fois les deux coupoles, trop éloignées l'une de l'autre.

DISPOSITIONS INTÉRIEURES. — La grande nef s'étend du porche oriental au porche occidental, parallèlement à Cromwell-Road : sa longueur est de 346 mètres, sa largeur de 25 mètres 50, sa hauteur de 30 mètres. Le parquet de la nef est d'un mètre et demi en contre-bas du sol de la rue : aussi pour éviter l'effet désagréable que produirait cette différence de niveau, l'architecte a eu l'heureuse idée d'établir sous chaque dôme une espèce de plate-forme sur laquelle le visiteur monte en entrant dans l'édifice et d'où il descend ensuite par de larges escaliers, soit dans la nef, soit dans les transepts qui se croisent avec elle : c'est du haut de ces plates-formes qu'on jouit du plus beau point de vue sur la longue perspective des colonnes et des voussures, sur les trophées, les fontaines, les groupes de statues placés dans les transepts et dans la nef; au-dessus, l'énorme rondeur du dôme se développe à 60 mètres du sol. La plate-forme est décorée d'une fontaine en majolica, haute de 9 mètres environ, large de 12 mètres et portant diverses statues qui représentent d'une manière trop allégorique la grandeur de l'Angleterre : elle a été élevée par M. Minton. Sur la plate-forme occidentale on a exposé de magnifiques porcelaines envoyées par le roi de Prusse. Dans la nef elle-même on a placé des objets industriels et artistiques de dimensions considérables et divers produits groupés en trophées qui ne sont pas tous d'un goût distingué. En se dirigeant de l'est à l'ouest, on remarque surtout un élégant obélisque de granit élevé sur les dessins de John Bell; des canons Whitworth et Armstrong; un modèle du *Warrior*, un deuxième obélisque de granit orné de dorures, etc. La foule circule difficilement dans cette nef encombrée. Les arcades qui supportent la voûte reposent de chaque côté sur des colonnes géminées aux chapiteaux élégants; la lumière ne descend pas de la voûte, mais elle pénètre latéralement dans l'édifice par les fenêtres vitrées (*clerestory*) ménagées entre le toit de la nef et les galeries plus basses qui s'étendent à droite et à gauche. Les noms des grandes villes industrielles et commerciales et des nations les plus riches du monde sont peints au sommet des voussures.

La nef est divisée, comme tout le reste de l'édifice, en deux moitiés égales; l'une, celle de l'est, est réservée à l'Angleterre (*British nave*), tandis que celle de l'ouest appartient à toutes les autres nations (*Foreign nave*).

Les deux transepts de l'est et de l'ouest croisent la nef sous les deux coupoles; leur largeur et leur élévation sont les mêmes que celles de la nef, mais ils ont une longueur de 208 mètres seulement : ils sont éclairés et décorés de la même manière que la nef. Au sommet des arcades on a peint diverses inscriptions morales ou religieuses : celles du transept oriental sont en anglais, celles du transept occidental sont en latin. On y a aussi élevé des trophées de produits industriels et distribué çà et là divers objets d'art. La partie méridionale du transept de l'est, appelé le plus souvent transept du sud-est, renferme les fers et les aciers provenant des fabriques anglaises. On y remarque surtout les aciers manufacturés d'après le procédé de M. Bessemer, et une statue colossale de Cromwell exposée par la compagnie de Coalbrook-Dale; au sud de ce transept on a ménagé deux sombres couloirs où quelques exposants des États-Unis ont placé leurs produits. Le transept du nord-est est réservé aux colonies anglaises. L'exposition autrichienne est placée dans le transept du nord-ouest et forme le pendant de l'exposition du Zollverein, placée dans le transept du sud-ouest, de l'autre côté de la plate-forme du dôme. A l'ouest du Zollverein un étroit couloir renferme les objets envoyés par les villes hanséatiques.

Tout l'espace compris à droite et à gauche de la nef entre les ailes des deux transepts est disposé en cours vitrées éclairées par en haut comme l'était autrefois l'intérieur du Palais de cristal tout entier. Malheureusement plusieurs de ces cours sont séparées des autres ou partagées elles-mêmes en compartiments par les cloisons qui servent de frontières entre les exposants de nationalités différentes. Quand on entre dans l'édifice par la grande porte de Cromwell-Road et qu'on se dirige vers la nef, on pénètre d'abord dans une première cour vitrée de 45 mètres de long sur 45 mètres de large, entourée de galeries, et formant une espèce d'allée transversale décorée de statues, de vases, de trophées industriels : c'est au milieu de cette allée que passe la ligne de démarcation entre le domaine des exposants anglais et celui des étrangers. Les industriels de la Grande-Bretagne et de ses colonies se sont réservé toute la moitié orientale de l'édifice : la partie de l'ouest appartient aux autres nations.

Les deux grandes cours vitrées qui s'étendent à l'est et à l'ouest de celle du centre mesurent 75 mètres de l'est à l'ouest sur 60 mètres du nord au sud; celle de l'est ne renferme que des objets d'origine anglaise, celle de l'ouest est presque en entier réservée à la France, dont les produits sont disposés avec la plus grande élégance. Entre l'allée centrale et le domaine de la France, une travée qui renferme d'admirables articles appartient à l'Italie et à Rome; enfin les exposants de l'Espagne et du Portugal ont dû se contenter de petits rectangles situés au nord de l'Italie et de la France, à côté de la nef.

Au nord de la nef s'étendent trois autres cours vitrées qui correspondent exactement à la cour centrale et aux deux cours latérales du côté du sud; elles ont les mêmes dimensions longitudinales de l'est à l'ouest, mais leur largeur est de 26 mètres seulement. En voyant la haute muraille des restaurants qui borne ces salles du côté du nord, on croirait se trouver en face d'un mur provisoire élevé en travers de l'édifice, tant le sens esthétique en est choqué. Ainsi la nef, au lieu d'occuper le centre du palais, est déplacée vers le nord : elle est bordée d'un côté de salles vastes et à longues perspectives, tandis que de l'autre côté le regard est arrêté par une muraille de briques très-rapprochée, c'est là une combinaison architecturale des plus malheureuses. La plus grande partie de la cour vitrée située au nord de la nef, près de la coupole orientale, est réservée aux colonies anglaises; une autre partie (*mediæval court*) renferme divers objets de sculpture, de peinture et d'architecture appartenant à la Société ecclésiologique : des vitraux, des grilles, des jubés, des fonts baptismaux, etc.

Par une exception à la règle, la partie orientale de la cour vitrée que traverse l'allée du centre n'est pas en entier consacrée aux produits anglais et l'on y a disposé un petit rectangle pour les exposants chinois et japonais. La Turquie, le Brésil et la Grèce occupent la partie occidentale de cette cour. La cour de l'ouest est divisée en un grand nombre de compartiments : en se dirigeant vers le transept occidental, on y traverse successivement les domaines de la Russie, de la Suède et de la Norvége, du Danemark, de la Suisse, de la Hollande, de la Belgique.

Les galeries, qui longent la nef et les transepts et séparent toutes les cours vitrées les unes des autres, ont un développement total de 2 kilomètres et demi; elles sont larges de 15 mètres, excepté celles qui font le tour de l'édifice et qui ont seulement 7 mètres 50 centimètres de large; toutes sont soutenues par des colonnes en fer de 6 mètres 60 centimètres de hauteur, peintes en rouge sombre ou couleur de chocolat et surmontées de chapiteaux dorés. Aux angles formés par le croisement des galeries, de larges escaliers doubles les font communiquer avec le parquet des cours vitrées. La distribution des produits s'opère de la même manière dans les galeries que sur le rez-de-chaussée. Toute la partie des galeries située à l'est d'une ligne centrale partant de l'entrée de Cromwel-Road est réservée à l'Angleterre et à ses colonies; les autres nations se partagent la seconde moitié, dans le même ordre qu'au rez-de-chaussée.

On pénètre dans l'annexe des machines en suivant le transept de l'ouest (exposition autrichienne) jusqu'à l'extrémité septentrionale. Les quatre travées parallèles sont recouvertes de toits vitrés qui laissent pénétrer la lumière en abondance. L'Angleterre s'est fait la part du lion dans cette annexe comme dans le palais principal; elle s'est réservé la première moitié des quatre travées : il est vrai qu'elle expose des machines vraiment admirables, locomotives, machines à filer, manéges à sucre, grues hydrauliques, pompes centrifuges, machines à écraser le quartz aurifère. Au delà se trouvent les emplacements réservés à l'Italie, à la Belgique, au Zollverein, etc. La France occupe le nord de l'annexe sur une longueur de 105 mètres à l'ouest et de 45 mètres à l'est. Neuf chaudières à vapeur, installées au delà, procurent la force nécessaire à la mise en mouvement de toutes les machines.

L'annexe agricole qui forme, à l'est des jardins d'horticulture, le pendant de l'annexe des machines, est réservé à l'Angleterre seule. On y entre par une espèce de tunnel pratiqué sous l'entrée des jardins d'horticulture. Dans une partie de l'édifice on a exposé tous les produits qui peuvent servir à l'alimentation; une autre est consacrée à la chimie agricole, une autre aux machines, etc. Les instruments agricoles exposés par les industriels de la France et du continent sont placés dans le palais avec leurs autres produits. La porte septentrionale de l'annexe agricole est la plus rapprochée de Hyde-Park.

Les restaurants occupent toute la partie septentrionale de l'édifice, qui donne sur les jardins d'horticulture, indépendamment de tous les buffets qui se trouvent dans les galeries supérieures. Grosse question chez nos voisins que la nourriture matérielle... on mange partout... — Je crois ne pas exagérer en assurant que les buffets ou restaurants français et anglais ont plus d'un kilomètre de longueur. Cette partie du programme a donné lieu à une fabuleuse spéculation.

Maintenant que nous avons répété tout ce que l'on a pu dire et écrire sur le palais, entrons sérieusement en matière.

Le chiffre des exposants de 1862 s'élève à 27,379 ; on les divise ainsi :

Angleterre et ses colonies	8,765
France et ses colonies	5,495
Zollverein	2,875
Italie et Rome	2,123
Autriche	1,410
Espagne	1,133
Portugal	1,130
Belgique	863
Suède et Norvége	827

Russie	659
Suisse	481
Hollande	385
Danemark	299
Grèce	282
Brésil	230
Iles Ioniennes	177
États-Unis	64

Le total des exposants de 1862 dépasse donc de 13,442 celui de 1851, qui n'était que de 13,937, et les 100,000 objets qui se trouvent à l'Exposition représentent trois fois le nombre de ceux qui avaient été admis au Palais de cristal.

Nous laissons à ceux qui veulent se former une idée exacte de l'hospitalité anglaise le soin de décomposer ce chiffre.

5,495 exposants français s'agitent et s'étouffent dans 13,740 mètres, c'est-à-dire le dixième de la superficie qui leur eût été nécessaire si l'on avait admis tous ceux qui en avaient fait la demande.

8,765 Anglais disposent des plus magnifiques emplacements du palais et en occupent plus de la moitié.

Ego primam tollo, nominor quoniam Leo!

La première impression que l'on éprouve en parcourant les galeries françaises, après avoir traversé l'exposition anglaise, est profondément douloureuse,... on pense aux fourches caudines!

Et maintenant, comme l'Angleterre comptait dans le Jury les *deux tiers* des voix, bien que ses exposants ne représentassent qu'un *tiers* de l'exposition, que la France ne formait que le neuvième des jurés, bien qu'elle représentât le *cinquième* des exposants, vous conviendrez sans peine que cette balance, si peu équilibrée, a pu se prêter à bien des erreurs, que nous nous efforcerons de relever avec tout le respect dû aux hommes éminemment honorables qui avaient accepté la lourde mission de jurés.

PREMIÈRE CLASSE.

PRODUITS DES MINES, DES CARRIÈRES ET DES USINES MÉTALLURGIQUES.

Les produits de cette classe sont répartis en sept divisions principales.

Beaucoup d'abstentions regrettables s'étant produites, l'exposition française, pour cette classe, est fort incomplète, surtout en ce qui concerne deux substances minérales qui ont aujourd'hui dans l'industrie une importance hors ligne : la houille et le fer.

On ne voit figurer ici que 96 exposants français, répartis ainsi qu'il suit dans 37 départements :

Allier	1	Moselle	3
Ariège	1	Nord	4
Bouches-du-Rhône	2	Pas-de-Calais	3
Calvados	1	Puy-de-Dôme	3
Charente	1	Pyrénées (Basses-)	1
Corse	7	Rhin (Bas-)	1
Dordogne	7	Sarthe	2
Eure-et-Loir	2	Savoie	1
Finistère	1	Savoie (Haute-)	1
Gard	5	Seine	16
Garonne (Haute-)	1	Seine-Inférieure	1
Gironde	2	Seine-et-Marne	10
Ille-et-Vilaine	2	Seine-et-Oise	2
Indre-et-Loire	2	Tarn	2
Loire	1	Tarn-et-Garonne	1
Loire-Inférieure	1	Vienne (Haute-)	1
Lozère	3	Vosges	1
Marne	1	Yonne	1
Marne (Haute-)	2		

Des améliorations remarquables ont été introduites depuis dix ans dans la fabrication et dans l'extraction des produits de cette classe. Ainsi :

— On a donné en France de grands développements à la production de la houille, en même temps qu'une noble émulation multipliait sur tous les points du territoire les efforts pour la découverte et la mise en valeur de gîtes nouveaux;

— Le percement des puits dans les terrains les plus difficiles a été l'objet de nouveaux travaux entrepris avec plus de soin et d'intelligence, en même temps qu'on appliquait à l'exploitation des houilles des machines d'extraction et d'aérage plus puissantes et plus parfaites, et qu'on opérait de plus en plus en grand le lavage et l'agglomération des menus de charbon de terre;

— Les pyrites de fer et de cuivre pour la fabrication de l'acide sulfurique ont été exploitées plus largement;

— La fabrication des ciments et des chaux hydrauliques, l'extraction des kaolins ont pris un remarquable développement;

— En ce qui concerne la fabrication du fer, on s'est appliqué de plus en plus à utiliser soit les gaz des gueulards, soit les flammes perdues des fours à réverbère; l'emploi de l'air chaud s'est généralisé dans les hauts fourneaux; on a perfectionné et varié de mille manières différentes les laminoirs pour la fabrication des fers de formes et de dimentions spéciales; enfin, pour résultat définitif, la France a obtenu une augmentation notable dans la production;

— La fabrication des fontes au bois, au moyen des minerais magnésifères et spathiques à tendance aciéreux, tend à se développer et provoque la recherche des matières premières;

— Par suite les aciers puddlés, fondus et cémentés avec les fontes françaises au bois, se sont fabriqués plus en grand et par des procédés nouveaux qui se vulgarisent chaque jour;

— Les minerais de plomb et de cuivre ont aussi été l'objet d'améliorations remarquables dans leur traitement;

— Enfin, il faut signaler encore la production sur une large échelle de l'*aluminium*, cette création toute française, et son application à une multitude d'objets d'un usage vulgaire, et aussi de notables perfectionnements dans le traitement du minerai de platine et dans la fabrication des ustensiles auxquels il est employé.

Les puissances étrangères sont ainsi représentées dans la première classe :

	Exposants.
Angleterre et colonies............	481
Belgique...................	36
Zollverein....................	263
Italie.......................	118
Grèce et îles Ioniennes..........	29
Autriche....................	81
Norvége, Danemark, Suède et Suisse...................	115
Portugal....................	59
Espagne....................	156
Amérique...................	24
Russie......................	32
Rome.......................	8
Avec nos 90 exposants.........	90
Nous trouvons un chiffre total pour cette classe de........	1,492

En général les programmes des classes ont été assez bien établis; mais il s'y rencontre encore des contradictions embarrassantes.

Ici, par exemple, pour la France, tout ce qui a rapport aux constructions a été placé dans la dixième classe, traitant des constructions civiles.

Soyons juste et ne craignons pas de le répéter, la France a été très-pauvrement représentée dans la 1re classe. Ses plus solides athlètes ont dédaigné la lutte. C'est en vain que nous avons cherché à Londres les grands noms de M. Schneider, du Creuzot, de M. Gouin, de nos collègues MM. Petin et Gaudet.

Nous n'avons pas imité l'Angleterre, dont toutes les expositions sont larges et fournies, chaque industriel semblant avoir eu à tâche d'apporter la fine fleur de ses produits... Il est vrai qu'elle avait fait sa place.

Parmi ceux de nos collègues qui ont le mieux soutenu le pavillon de notre industrie métallurgique, nous citerons MM. James JACKSON, qui ont emporté la médaille pour leurs magnifiques aciers obtenus par le procédé Bessemer[1]. Leur exposition se composait de lingots, de barres, de ressorts, de canons. Tout cela était marqué au coin de la supériorité, et avait déjà reçu la médaille de 1re classe en 1855.

Nous avons aussi remarqué les fers spéciaux, les fers plats, les fers à angles et à double T, de M. Dreyfus, qui avait obtenu une médaille de deuxième classe à l'Exposition universelle de 1855, et qui a été méconnu à Londres comme tant d'autres.

— Les lampes de sûreté de M. DUBRULLE, à l'usage des mines, ont été l'objet d'une mention honorable. M. Dubrulle avait obtenu une médaille de deuxième classe en 1855. Son invention se recommande par sa simplicité et par la parfaite sécurité qu'elle offre aux mineurs! Que de catastrophes terribles eût évitées cette lampe. La pensée généreuse de M. Du-

---

1. Le procédé Bessemer consiste à chasser des jets d'air à travers le fer en fusion ; il en résulte une élévation considérable de température et une violente ébullition. Pendant cette action, l'oxygène de l'air se combine avec les agents susceptibles d'oxydation, et, suivant le degré de décarbonisation que l'on veut et que l'on peut atteindre avec la plus grande précision, on obtient ainsi autant de métal qu'on en désire.

brulle méritait un peu plus d'attention.

— MM. Mathieu frères, honorablement mentionnés en 1855, me paraissent avoir été oubliés à Londres. Ils avaient cependant envoyé leur appareil de contre-pression d'air et d'eau pour les mines. Or, cet appareil fonctionne régulièrement et rend de bons services. A côté de lui se trouvaient un wagon de mine et quelques autres inventions encore qui témoignent d'une haute intelligence.

Dans l'industrie meulière nous comptions MM. Roger, Gilquin, Mesnet et E. Bardeau.

— M. Gilquin (médaille de première classe en 1855) et M. Roger fils (médaille de deuxième classe en 1855) exploitent les fameuses carrières de la Ferté-sous-Jouarre. Ces deux honorables collègues ont fait depuis plusieurs années, dans leur établissement respectif, de grands efforts pour améliorer le travail des meules et préserver les ouvriers qui se sont voués à cette dangereuse industrie. Les produits qu'ils livrent au commerce jouissent d'une vogue des plus légitimes. Le jury ne leur a accordé, à chacun, qu'une mention honorable. C'est peu !

— M. Mesnet qui, dans l'Indre-et-Loire, fait aussi de fort bonnes meules, qui n'ont que le désavantage de ne pas sortir de la Ferté-sous-Jouarre, n'a pas été heureux, et cependant c'est aussi un intelligent travailleur.

Nous en dirons tout autant des meules de M. E. Bardeau, de Fleury-sur-Yonne. Bonne qualité et bonne façon.

— M. Challeton de Brughat figurait dans la première classe avec ses tourbes épurées et condensées, ses tourbes carbonisées, des huiles essentielles, des engrais, etc. (méd. de 2ᵉ cl. 1855).

Cet honorable collègue fait depuis plusieurs années des études pratiques d'un haut intérêt sur cette question. Toutes ses observations sont consignées dans un excellent livre qui peut servir de guide à ceux qui voudront l'imiter. On eût dû peser avec plus d'attention ses efforts et ses travaux.

Nous sommes parfaitement fondé à déclarer que ses procédés d'épuration, de condensation et de carbonisation des tourbes sont aussi économiques qu'avantageux.

— Notre collègue M. Beau, du Gard, avait envoyé des régules d'antimoine.

La consommation annuelle de l'antimoine dans toute l'Europe ne s'élève pas à plus de 700 tonnes. La France entre dans ce chiffre pour un septième. L'Autriche, qui est le plus fort producteur, en livre au commerce environ 300. — Les 300 tonnes restantes sont produites par l'Angleterre, la Prusse, la Saxe et la Hongrie, qui ont joui pendant longtemps de la réputation de fournir à la consommation le régule le plus pur et le plus estimé.

L'emploi le plus considérable de l'antimoine métallique consiste dans les alliages dont le plomb et l'étain forment la base, et dans lesquels on fait varier le dosage du régule suivant le degré de dureté et de résistance à obtenir.

Les régules de M. Beau nous ont paru très-purs, et c'est beaucoup quand on songe aux difficultés d'isolement de l'antimoine.

Les apparences caractéristiques de pureté dans l'antimoine sont les arborescences formées à la surface des lingots par la cristallisation de la masse, et cette couleur bleuâtre qui lui est particulière.

Comme directeur des mines de la Grand'-Combe, M. Beau s'est particulièrement distingué.

M. Hernio a trouvé dans ses propriétés du Finistère, d'une contenance de 4 à 500 hectares, un important gisement de kaolins. — Les échantillons exposés étaient fort beaux. — L'exploitation de ce gisement pourra diminuer le tribut que nous payons à l'étranger pour cette matière première. M. Hernio aura rendu un important service au pays.

Nous parlerons des chaux et ciments de notre collègue M. Liénart à la classe des constructions civiles.

Les collections minéralogiques sont nombreuses et garnies dans la partie anglaise ; elles sont aussi très-complètes dans les belles expositions allemandes, belges, italiennes et espagnoles, mais quant à nous... c'est triste à dire, nous méritons à peine d'être cités.

La France, je le répète, s'est montrée faible dans cette partie, lorsqu'elle pouvait y être de première force.

L'Allemagne et la Belgique sont ici riches et variées; l'Allemagne surtout est au grand complet. — Ne possède-t-elle pas dans son sein tous les éléments minérallurgiques ?

Les cartes géologiques et les plans topographiques des gîtes de minerais ou des bassins houillers, c'est-à-dire la dernière section de la première classe, sont nombreux. Les noms de MM. Delesse, Dormoy, Pouguet, Terquem, et la belle carte géologique du Puy-de-Dôme par M. Lecoq, méritent d'être cités avec éloge.

Les cartes géologiques exposées par l'Angleterre sont très-intéressantes et attirent l'attention des visiteurs par leurs proportions colossales ; mais ce sont malheureusement des travaux isolés, épars, et je n'ai pas trouvé là d'œuvre qui puisse enrichir les archives d'un grand pays.

Transportons-nous d'un bond, et dans un autre ordre de choses, à l'exposition de la compagnie Mersey, de Liverpool, et disons deux mots de ce gigantesque villebrequin de machine à vapeur, qui n'a pas moins de 50 centimètres de diamètre et qui devra supporter la puissance d'une machine de 1,300 chevaux. Figurez-vous des plaques de fer, pour le blindage du même navire, de 10 mètres de long sur 3 mètres de large, et d'une épaisseur de 12 centimètres. Ce sont de vrais produits cyclopéens, qui serviront à blinder un *Monitor* quelconque.

Les fers de Suède se maintiennent à leur rang ; nous avons visité avec beaucoup d'intérêt les produits de nos collègues, MM. le baron Hamilton, Lajerhjelm et Rettig.

La Suède se fait remarquer à Londres comme partout par son exposition de matières premières. — Elle avait adressé de très-beaux échantillons de minerais de fer magnétique, avec lesquels elle fabrique son fer si justement renommé depuis des siècles. On avait exposé la gueuse des forges et fonderies suédoises et toutes les variétés de métal manufacturé, depuis la poêle en fer fondu jusqu'à la coutellerie ; nous avons parcouru cette gamme de fer et d'acier avec beaucoup d'attention.

MM. le baron Hamilton et Rettig ont, chacun, obtenu la médaille.

Notre collègue M. le baron de Kaiserstein, en Autriche, a obtenu une mention honorable pour ses graphites. M. de Kaiserstein a réalisé de grands progrès autour de lui ; il représente des intérêts industriels considérables.

Notre collègue M. Serrano, fabricant de produits chimiques en Espagne, et que nous comptions trouver à la deuxième classe, a obtenu dans la première une mention honorable pour ses chromes[1]. Les produits de sa maison jouissent d'une haute estime.

Avant d'aborder les classes suivantes, nous prions nos lecteurs de bien se pénétrer de cette observation :

Nous avons été forcé de nous renfermer dans le cercle même qui nous était tracé par notre Société. *Notre travail ne peut donc embrasser que les produits exposés par nos collègues.*

A de rares exceptions près, nous suivrons rigoureusement ce programme.

Les chiffres que nous donnons en tête des classes sont officiels, puisqu'ils proviennent du catalogue dressé par la commission impériale.

Bien que notre action se restreigne aux seuls produits des membres de l'Académie nationale, le cadre de chaque classe présente quelque chose de complet. On peut en saisir parfaitement la physionomie. Les appréciations qui suivent les chiffres reposent également sur des documents officiels résultant de tous les rapports des commissions départementales.

En se rappelant ces observations, on n'aura pas de lacunes à nous reprocher.

DEUXIÈME CLASSE.

PRODUITS CHIMIQUES ET PHARMACEUTIQUES, OBJETS DE PARFUMERIE.

Cette classe a été partagée en cinq divisions.

La France y figure pour 191 exposants, répartis ainsi qu'il suit dans 42 départements :

---

1. On se rappelle que le chrome et ses dérivés, découverts par Vauquelin il y a environ quarante ans, n'étaient, par leur prix élevé, qu'une curiosité de laboratoire. C'est en 1818 seulement qu'on commença à l'employer dans les ateliers d'impression. Aussitôt des usines se créèrent en France, en Angleterre, en Allemagne, et tout récemment en Espagne, pour extraire et traiter les minerais et en tirer les chromates de potasse. Enfin, cette riche matière est devenue d'une curiosité de laboratoire, comme nous le disions plus haut, un article de consommation courante.

Allier	1	Marne (Haute-)	1
Alpes-Maritimes	6	Meurthe	1
Ardèche	1	Meuse	1
Ariége	1	Nièvre	4
Aude	2	Nord	12
Calvados	1	Pas-de-Calais	1
Corse	1	Puy-de-Dôme	4
Côte-d'Or	1	Pyrénées (Basses-)	2
Creuse	1	Pyrénées (Hautes-)	8
Drôme	1	Pyrénées-Orientales	5
Eure-et-Loir	1	Rhin (Bas-)	3
Finistère	2	Rhin (Haut-)	1
Gard	2	Rhône	12
Gironde	1	Saône (Haute-)	1
Hérault	3	Savoie	3
Indre-et-Loire	1	Seine	82
Isère	2	Seine-Inférieure	5
Jura	1	Seine-et-Oise	2
Loire	5	Vaucluse	1
Manche	2	Vosges	5
Marne	1	Yonne	1

De nombreux progrès signalent la marche des industries multiples qui se rattachent à cette classe importante de produits. Ainsi :

— Les sels de potasse, le sulfate de soude et les sels de magnésie s'extraient maintenant en grand des eaux mères des marais salants;

— On applique de plus en plus à la conservation des monuments et des sculptures les silicates alcalins solubles (découverte de notre collègue M. L. Dalemagne);

— La production et l'emploi de l'acide pyroligneux et de ses composés s'accroissent ;

— L'aniline, cette portion si longtemps inconnue des goudrons de houille, donne aujourd'hui, par ses diverses transformations, des substances colorantes jaunes, rouges, violettes et bleues, qui entrent dans l'industrie;

— La fabrication de l'acide sulfurique réalise de notables économies en employant la pyrite de fer et de cuivre, au lieu du soufre de Sicile;

— On a perfectionné la fabrication de l'ammoniaque et des sels ammoniacaux au moyen des eaux de condensation obtenues de la distillation de la houille;

— La fabrication des sels d'alumine et de l'alumine pure a donné lieu à une industrie nouvelle;

— Les alcaloïdes végétaux sont fabriqués en quantités plus considérables;

— Le sulfure de carbone est employé avec avantage pour l'extraction des corps gras et des parfums;

— Des fabricants français obtiennent aujourd'hui la potasse en grand, soit de la préparation du suint, soit de la calcination des résidus de la distillation des jus de betteraves ;

— La distillation du goudron de houille se propage et multiplie les produits secondaires, la benzine, et les acides phénique et picrique;

— Les prussiates et les sels ammoniacaux commencent à s'obtenir des combinaisons de l'ammoniaque et des carbonates de baryte;

— Enfin la céruse et l'outremer artificiels donnent lieu à une fabrication des plus actives.

La question statistique étant toujours d'un grand intérêt, surtout lorsqu'il s'agit d'une exposition universelle, nous continuerons pour les principaux produits, et peut-être pour tous, d'indiquer, par un tableau général, dans quelles proportions chaque nation a concouru à l'ensemble de chaque classe.

STATISTIQUE DE LA DEUXIÈME CLASSE.

	Exposants.
L'Angleterre est représentée par	212
La France	191
Le Zollverein, y compris la Prusse	162
L'Autriche	90
L'Italie	43
La Suède	34
La Hollande	25
Le Portugal	25
La Belgique	31
L'Espagne	20
L'Inde	18
La Russie	17
La Norvége	10
Le Danemark	
La Suisse	9
Le Brésil	
La Grèce	
Les États-Unis	
Rome	4
Costa-Rica	1
Total	917

Ces 917 exposants ont été divisés naturellement en deux grandes séries : 1° les produits chimiques et pharmaceutiques; 2° les objets de parfumerie.

Dans la première, nous trouvons les produits chimiques proprement dits, tels que les acides, les alcalis, les sels ammoniacaux, le chlorure de chaux, le silicate de soude, les chromates et les prussiates de potasse, les sulfates et les aluns, les bleus d'outremer, le phosphore, l'iode; les principes immédiats des végétaux : quinine, morphine, strychnine; enfin les matières chimiques utilisées par la photographie et la médecine, les couleurs employées dans la peinture, dans la teinture et l'impression des étoffes, les produits pharmaceutiques, les poudres et les extraits classés parmi les médicaments et les eaux minérales.

Dans la deuxième série, on a classé les objets de parfumerie comprenant les essences, les dissolutions alcooliques, les huiles, les graines, les savons.

On comprend qu'il est impossible *de visu* de pouvoir apprécier des produits qui, pour être jugés avec connaissance de cause, ont besoin de la sanction de la pratique. Aussi ne pouvons-nous consigner ici que nos impressions générales et signaler la tendance des efforts, qui, quant à présent, semblent guider la chimie spéculatrice dans son mouvement progressif...

Les produits chimiques!

La foule s'y arrêtait à peine... Oublieuse et folle, elle ne se rendait pas compte de leur puissance. Quoi donc de si intéressant dans ces pauvres bocaux tout poudreux! Là, rien qui attire et fixe les regards par l'éclat ou la forme. Quand, au contraire, ses pas se dirigent vers ces appareils gigantesques de la mécanique, vers ces instruments qui transportent la pensée humaine avec une rapidité tout aussi grande que celle de la pensée elle-même; quand, devant ses yeux, s'étalent de splendides soieries, les merveilles de l'art du joaillier, ou mieux encore le séduisant travail de la peinture et de la statuaire ; alors elle est captivée, éblouie, et si, par hasard, elle a laissé s'égarer un coup d'œil aux bocaux en question, elle n'en conservera pas même le plus fugitif souvenir.

Et cependant, dirons-nous avec MM. Alfred Riche et Paul Morin, deux des nobles travailleurs de cette science, sans la chimie que deviendraient la mécanique, l'art de la teinture, les beaux-arts eux-mêmes? Ce courant électrique, qui, dans un instant, parcourt le monde, n'est-ce pas une réaction chimique qui le produit? N'est-ce pas le chimiste qui donne au teinturier et au peintre les couleurs qu'ils emploient?

Plus jeune que toutes les autres sciences, en tant que science proprement dite, la chimie a, dès son début, envahi le domaine de ses aînées, moins en conquérante toutefois qu'en alliée et en auxiliaire indispensable. Comme toute science en général, elle a pour longtemps encore à combattre le préjugé et l'ignorance, mais elle a l'avantage, par ses innombrables points de contact avec les besoins matériels de l'homme, de rendre tous les jours de si éminents services qu'il est impossible de la nier, et ainsi à chaque instant elle gagne du terrain dans les esprits les plus prévenus.

Comme nous venons de le prouver, tous les besoins de l'existence sont tributaires de la chimie.

Ces métaux qui sont une de nos plus impérieuses nécessités, la terre les recèle dans ses profondeurs, aux états les plus divers, mais presque toujours sous des formes inutiles; ils constituent des blocs sans éclat, des poussières impures. Le chimiste les arrache à cette enveloppe trompeuse et les fait sortir de nos usines brillants, agrégés et d'une pureté parfaite.

Quand, sur nos tables, vous admirez ces merveilles de verreries resplendissantes des couleurs les plus variées, quand vous vous contemplez dans ces glaces d'une transparence si parfaite, le chimiste est encore passé par là. C'est lui qui a donné à ces émaux leurs teintes magnifiques; c'est lui qui a jeté dans le creuset du verrier une substance jusqu'alors inconnue, l'acide borique, grâce à laquelle on est arrivé jusqu'à l'imitation parfaite du diamant naturel.

Que n'ai-je le temps et l'espace pour suivre le chimiste partout où son rôle l'appelle ! j'en ferais un roi de la science, et je prouverais, sans me donner beaucoup de peine, que, hors de la chimie, tout notre bagage scientifique tomberait au-dessous de zéro.

De tout cela il faut conclure ceci ; c'est que les produits chimiques admis à l'exposition de Londres offrent un intérêt immense! Il y a là une sublime leçon pour toutes les intelligences. — Quant à l'indifférence de la foule, n'en parlons plus... Il sera beaucoup pardonné à la foule, parce qu'elle aura beaucoup ignoré!

Nous classons ici par ordre alphabétique ceux de MM. les membres de l'Académie nationale qui ont honneur de faire partie du bataillon sacré des 917 exposants des arts chimiques.

— M. Berjot, à qui l'Académie nationale a déjà décerné sa médaille de première classe, et dont nous avions fait connaître les travaux dans un rapport général, a exposé des extraits pharmaceutiques préparés et desséchés dans le vide à l'aide d'un ingénieux appareil de son invention. Son exposition renfermait encore des fleurs et plantes médicinales conservées avec leur forme et leur éclat; dans l'ordre matériel : des flacons à fermeture hermétique ; un modèle d'appareil pour les eaux gazeuses, et cet instrument dont nous avons parlé, dont le but est de déterminer d'une manière précise le rendement en huile de toutes les graines oléagineuses.

M. Berjot avait obtenu une médaille de première classe en 1855; il vient de voir ses travaux couronnés par la médaille de Londres.

— MM. Bezançon frères ont exposé leurs céruses. Depuis que la chimie a trouvé le moyen de soustraire les ouvriers à l'influence délétère de l'absorption du plomb, la fabrication de la céruse a fait de grands progrès. La maison de nos collègues, MM. Bezançon frères, fondée en 1845, marche en première ligne. Ce vaste établissement, si puissamment organisé, livre au commerce par an plus de 1,000,000 de kilog. de céruse, vendue en majeure partie toute broyée à l'huile, opération rendue inoffensive par des pétrins mécaniques créés pour cet usage. MM. Bezançon frères ont déjà obtenu la médaille de première classe en 1855, et la médaille de première classe de l'Académie nationale. La médaille de Londres de 1862 n'avait rien qui pût les surprendre.

Les céruses de MM. Bezançon frères, qui n'emploient presque exclusivement pour leur fabrication que des plombs français, nous paraissent lutter très-avantageusement avec les céruses de Carinthie qui, jusqu'à ce jour, ont été les plus renommées.

— MM. Bonzel frères avaient aussi exposé d'excellentes céruses et des chicorées. Le commerce de cette dernière denrée alimentaire a pris, on le sait, une importance considérable et a malheureusement prêté à la falsification. Que de tombereaux de terre n'a-t-on pas vendus pour de la chicorée? MM. Bonzel dirigent un établissement de confiance et compensent par l'honnêteté de leur fabrication les légèretés de certains confrères.

— M. Burdel, de Paris, sous le nom d'*eau écarlate*, a exposé plusieurs flacons d'une eau à détacher, absolument sans odeur, qui enlève instantanément les taches d'encre, de graisse, d'huile, de cambouis, etc., spécialement sur les draps et sur les étoffes de laine, quelle qu'en soit la couleur.

L'efficacité de cette eau rectifiée, dissolvante, revivifiante et d'une innocuité parfaite, est constatée par plusieurs décisions ministérielles qui en prescrivent l'emploi, tant en France qu'à l'étranger.

— M. Cazalis vient de voir ses travaux de longue date récompensés par la médaille. Il avait déjà obtenu, en 1855, une médaille de 1re classe. M. Cazalis avait à Londres des aluns épurés à base de potasse, des cristaux de tartre, des acides sulfurique et tartrique. Cet honorable industriel est du nombre de ceux qui honorent la fabrication des produits chimiques en France.

— M. Charvin a reçu la médaille après avoir obtenu précédemment un grand prix de 6,000 francs de la chambre de commerce de Lyon, et la médaille de 1re classe de l'Académie nationale ; il a résolu un problème fort intéressant pour le pays, celui de la découverte d'une substance végétale qu'il a nommée lo-kao indigène et qui doit remplacer le vert de Chine.

— M. Chevènement a obtenu la mention honorable pour ses excellentes encres noires et de couleur. Nous employons depuis un an, à titre d'essai, ses encres et ses cirages, et nous leur apportons ici un éloge sans réserve.

— M. Coez a obtenu la médaille, pour ses extraits de bois de teinture et ses belles laques de matières colorantes, qui lui avaient déjà valu, en 1855, la médaille de 2e classe. L'Académie nationale, nous l'espérons, récompensera aussi, comme ils méritent de l'être, les travaux de cet honorable industriel.

— M. Coignet : récompense en 1851, médaille

de première classe en 1855, médaille de première classe de l'Académie nationale et deux médailles à Londres en 1862. Ceci indique que nous sommes en présence d'un établissement de premier ordre. Le nom de Coignet est aussi populaire dans la fabrication des produits chimiques que celui de Payen dans les hautes sphères de la science.

La maison Coignet date de 1781, on peut résumer ainsi ses principaux titres : invention de la gélatine sous le nom d'*ostéocolle*, création en France de la fabrication du phosphore rouge, dit *amorphe*, des allumettes hygiéniques de sûreté, des bétons agglomérés, des fourneaux isothermes à température constante, des calorifères à flamme renversée.

MM. Coignet exploitent ces diverses inventions à Paris et à Lyon.

— M. L. Croc, d'Aubusson, a obtenu la médaille pour ses excellentes encres à écrire, et notamment pour celle destinée à l'appareil télégraphique de Morse. — Cette médaille dit tout.

— M. Dalemagne. Ce n'est pas dans la deuxième classe que nous devons le rencontrer, mais bien aux constructions civiles. Cette erreur de classification a amené, comme nous le dirons plus loin, une erreur flagrante du jury.

— M. Defay a exposé des sangs desséchés pour raffinerie de sucre, pour teinture et surtout pour engrais. — La spécialité de sa maison est l'albumine de sang pour l'impression sur étoffes. Le bas prix auquel il peut livrer les sangs destinés aux engrais est un grand service rendu à l'agriculture. Le jury a reconnu par la médaille l'importance de l'établissement de M. Defay.

— MM. Deschamps frères ont été honorés de la médaille pour leurs magnifiques échantillons de bleu et vert d'outremer. La lazulite, matière minérale colorante, d'un bleu fort riche et d'une pureté parfaite, de plus, inaltérable aux agents atmosphériques, aux matières grasses, aux alcalis, etc., est aussi rare dans la nature que recherchée dans les arts. Son emploi, dit M. de Castelnau, n'aurait jamais pu être utilisé dans l'industrie sans la découverte par M. Guimet, de Lyon, de l'outremer artificiel, dont la consommation est plus considérable aujourd'hui que celle de toute autre matière colorante. La richesse de l'outremer artificiel ne le cède en rien à celle de la lazulite.

Le prix de cette substance s'est abaissé de beaucoup, et s'abaissera encore, grâce aux efforts des industriels qui, à l'instar de MM. Deschamps frères, s'efforcent constamment de perfectionner les moyens de fabrication.

— M. Desespringalle a obtenu la médaille pour l'ensemble de ses produits, qui consistent en dérivés de l'alcool et du goudron et en sels de cadmium. Son établissement doit être placé en première ligne. Le goudron nous étonne tous les jours par quelque propriété nouvelle, et nous réserve certainement de plus grandes surprises encore. M. Desespringalle y sera pour quelque chose.

L'usine de M. Desespringalle a été fondée à Marquette en 1858. Les produits dont nous venons de parler avaient échoué dans le Nord jusqu'à son installation. L'éther sulfurique et le chloroforme de Marquette sont justement estimés. Cette maison a figuré avec honneur aux expositions départementales de Rouen, Besançon, Metz et Nantes. Elle a obtenu au concours national agricole de Paris, en 1860, une médaille d'or.

— MM. Duret et Bourgeois : médaille de 2e classe en 1855, médaille de 1re classe de l'Académie nationale, médaille à Londres... cela va sans dire. Nous ne pouvons que renvoyer nos lecteurs au savant rapport de notre ami et collègue M. le docteur Cornay[1]. Nous avons prédit à MM. Duret et Bourgeois tous les succès qu'ils obtiennent, et ils ne sont pas au bout. Leur découverte, en effet, intéresse autant l'industrie que l'humanité.

Nos voisins l'ont très-bien compris. Avoir dégagé les couleurs des substances vénéneuses, qui ont coûté la vie à tant d'enfants, est un service devant lequel doivent s'incliner tous les pères de famille.

— M. Fumouze-Albespeyres, président honoraire de la Société des pharmaciens de Paris, n'a pas l'habitude d'exposer. Il a cédé à l'entraînement. Élève, gendre et successeur d'Albespeyres, le véritable inventeur des épispastiques modernes (1817), et cessionnaire de l'établissement de Raquin, autre inventeur des plus

---

1. *Journal de l'Académie nationale*, année 1858. — Bulletin de mars.

sérieux, tous ses produits ont grandi sous le patronage constant des sommités médicales de tous les pays. Cet honorable collègue a présenté à Londres :

1° Des papiers d'Albespeyres ;
2° Des vésicatoires d'Albespeyres ;
3° Des capsules Raquin.

Il est inventeur d'un papier-type, filigrané dans son établissement avec des machines qu'il a créées. Personne n'avait encore trouvé le moyen de filigraner de si grandes feuilles, et il le fait couramment.

Rien d'étonnant que M. Fumouze n'ait pas été récompensé par le jury de Londres. Sa position exceptionnelle explique le fait. Le rapport de la commission française le dédommagera sans doute de ce silence. Dans tous les cas, il peut invoquer un rapport approbatif de l'Académie de médecine, dans lequel sa position et ses titres sont nettement dessinés.

— M. Hugues aîné. La médaille de Londres donnée à cet honorable collègue pour ses extraits alcooliques et ses parfums doit imprimer à son établissement un cachet de bonne fabrication. Et ce n'est pas peu dire, pour tous ceux qui savent combien le commerce des parfums et des essences s'est développé dans le département des Alpes-Maritimes.

L'établissement de M. Hugues remonte à 1815 : il a obtenu une médaille d'argent en 1855. Son chiffre d'affaires est considérable.

— MM. Laurent et Casthélaz seront sans doute restés inaperçus. Les produits chimiques et pharmaceutiques qu'ils livrent tous les ours au commerce sont cependant très-estimés. Ces messieurs ont été mentionnés honorablement en 1855. Ils fabriquent aussi d'excellents produits pour la photographie.

— M. Laurentz, de la Seine-Inférieure. Nous avons trouvé difficilement ses produits. Peut-être le jury a-t-il été moins heureux que nous encore. — Des renseignements certains nous permettent d'affirmer que les chlorures de la maison Laurentz ne laissent rien à désirer.

— M. Lebeuf. Après l'intéressant rapport présenté à l'Académie nationale par M. Dujardin d'Hardivilliers, sur les préparations saponinées de cet honorable collègue [1], que pourrions-nous ajouter ? Ses produits de saponine et de coaltar saponiné ont été admis à Londres. — Silence inexplicable du jury ! La presse aura bien à faire pour réparer tous ces oublis !

M. Lebeuf, qui méritait dix fois la médaille, n'en a pas moins rendu d'importants services à la science. Nous le considérons ici comme une victime, et nous espérons pour lui une réparation.

— M. Schattenmann, de Bouxvillers, dont nous nous occuperons aussi à la troisième classe, exposait ici de l'alun, du prussiate de potasse, du sulfate de cuivre et divers autres produits chimiques que le jury a examinés avec beaucoup d'intérêt et récompensés.

M. Schattenmann s'est élevé à une grande hauteur comme fabricant et comme producteur.

Plusieurs de nos collègues étrangers ont fait partie de la deuxième classe.

En Autriche. — Nous avons visité avec un vif intérêt les produits de notre collègue M. le comte de Larish-Moenich. — Ces produits, qui peuvent être placés dans plusieurs classes différentes, consistaient :

1° En acides sulfuriques et de soude. — Cet établissement compte environ cent ouvriers ; il est d'une haute importance pour la Silésie, où les difficultés de l'exploitation sont augmentées par les frais de transport du sel marin ;

2° En sucres d'excellente qualité. — Cette maison est montée avec toute la perfection de l'industrie moderne la mieux entendue, et ne fabrique pas moins de 8 à 900,000 kilog. annuellement. C'est l'une des plus importantes fabriques de l'Autriche.

Si nous ajoutons à ce qui précède que M. le comte de Larish-Mœnich est aussi l'un des plus grands éleveurs de l'empire d'Autriche, et qu'il possède un troupeau de plus de 25,000 têtes, dont la finesse de la laine est poussée au plus haut degré, nous aurons donné une idée suffisante, nous l'espérons, de la valeur de ce grand agriculteur, de ce grand industriel pour qui le progrès n'est pas un vain mot. — M. le comte de Larish-Mœnich a obtenu à Londres deux médailles.

---

1. *Journal de l'Académie nationale*, 31ᵉ année, mai 1861.

Calvados	4	Marne	23
Cantal	1	Marne (Haute-)	2
Charente	13	Meuse	6
Charente-Inférieure	19	Morbihan	1
Cher	9	Manche	6
Corrèze	10	Nord	84
Corse	33	Oise	10
Côte-d'Or	152	Orne	1
Côtes-du-Nord	11	Pas-de-Calais	10
Creuse	1	Puy-de-Dôme	6
Dordogne	42	Pyrénées (Basses-)	1
Drôme	67	Pyrénées (Hautes-)	3
Eure	2	Pyrénées-Orientales	3
Eure-et-Loir	2	Rhin (Bas-)	19
Finistère	7	Rhin (Haut-)	23
Gard	31	Rhône	113
Garonne (Haute-)	2	Saône (Haute-)	4
Gers	24	Saône-et-Loire	92
Gironde	304	Sarthe	2
Hérault	37	Savoie	3
Ille-et-Vilaine	2	Seine	96
Indre	15	Seine-Inférieure	23
Indre-et-Loire	25	Seine-et-Marne	61
Isère	15	Seine-et-Oise	29
Jura	13	Sèvres (Deux-)	18
Landes	22	Somme	53
Loir-et-Cher	14	Tarn	9
Loire	4	Tarn-et-Garonne	27
Loire (Haute-)	3	Var	11
Loire-Inférieure	6	Vaucluse	11
Loiret	38	Vendée	1
Lot	6	Vienne	28
Lot-et-Garonne	8	Vienne (Haute-)	1
Lozère	1	Vosges	50
Maine-et-Loire	5	Yonne	80
Manche	3		

Des progrès utiles se sont manifestés depuis dix ans dans les produits de cette deuxième division de la troisième classe.

En effet :

— La culture de la betterave comme plante industrielle s'est étendue en améliorant les assolements ;

— On a choisi avec plus de soin et allié convenablement les diverses variétés, de manière à augmenter les rendements moyens, et contre-balancer les chances fâcheuses de la culture ;

— Le maïs blanc s'est propagé dans le midi de la France ;

— En donnant de l'extension à la distillation de la betterave, on a trouvé moyen de donner aux bestiaux une nourriture plus abondante et plus économique, et d'augmenter la production de la viande ;

— La culture du blé tendre ou à grains blancs a pris de l'extension dans la région septentrionale ;

— L'invention de meilleurs procédés de conservation des céréales, soit en grains, soit en farines, donne l'espoir de voir enfin se réaliser des réserves utiles et économiques ;

— La culture de l'orge chevalier s'est propagée ;

— Les engrais des villes et des fermes ont été améliorés et mieux dosés en azote ;

— On a reconnu et propagé par la culture certaines variétés de pommes de terre, résistant mieux à la maladie ;

— On a mis en culture beaucoup de terrains vagues dans les Landes et dans la Sologne.

Les deux divisions dont nous venons de tracer le tableau sont donc représentées par 2,126 exposants français, et dans ce chiffre ne sont pas compris les produits de nos colonies et de l'Algérie, qui sont considérables.

Ici brille d'un pur éclat la puissance agricole de la France. Que ne serait-elle pas si l'on voulait ! Cette terre sacrée est réellement la bien-aimée de la Providence !

L'Angleterre compte dans la troisième classe 279 exposants.

Les colonies anglaises ont également apporté une grande quantité de produits ; nous mentionnerons particulièrement :

	Exposants.
L'Inde	65
La Jamaïque	195
Le Natal	8
La Nouvelle-Galles	200

Les autres puissances sont ainsi représentées :

Belgique	78
Brésil	72
Danemark	40
Autriche	232
Zollverein, y compris la Prusse	196
Grèce	113
Italie	89
Hollande	59
Norvège	10
Portugal	611
Russie	132
Espagne	594
Suède	74
Suisse	56
États-Unis	6
Avec les 2,126 exposants français	2,126
Soit en totalité	5,232

La France, dans ce chiffre imposant, en y comprenant l'Algérie et ses colonies, représente donc à elle seule plus de la moitié de l'exposition des produits agricoles.

Le caractère distinctif de la troisième classe consiste surtout dans des expositions collectives. Ici des départements entiers se trouvent représentés dans un trophée agricole. Les sociétés d'agriculture départementales, les comices agricoles, en adoptant la forme collective, ont évité le grave écueil de la monotonie et de la similitude trop répétée des produits.

En général, ces expositions collectives sont organisées avec beaucoup d'intelligence et de goût.

Dans ces magnifiques collections, où chacun a fait abnégation de son individualité dans l'intérêt général, nous avons cependant recueilli les noms de plusieurs de nos collègues.

Ainsi, dans les produits du département de l'Aisne, nous avons trouvé les noms de MM. le comte de Lostange, l'un de nos vice-présidents depuis longues années, le docteur Lefèvre, Lemaire-Journel et Millerand.

Dans les produits du Loiret, nous avons vu les excellents vinaigres de M. Courtin-Raoul, qui possède et dirige lui-même, à Orléans, une maison fort importante ; — et une splendide collection de safrans de notre collègue, M. Luizi-Desforges ;

Dans Seine-et-Oise, les noms de M. d'Huicque et de M. le comte Robert de Pourtalès ;

Dans la Somme, les noms de M. Chivot-Naudé, de M. Dumont-Carment et de M. le baron de Foucaucourt. Il faudrait plusieurs pages pour redire tous les bons services qu'a rendus M. Dumont-Carment à l'agriculture et à l'horticulture ; aussi la médaille de Londres ne pouvait-elle lui échapper ;

Dans les Landes, le nom de notre collègue M. Du Peyrat, à qui l'Académie nationale est redevable déjà d'utiles communications.

Dans le département du Puy-de-Dôme, nous avons trouvé, comme tête de colonne, notre savant collègue, M. Calemard de La Fayette.

Dans les Vosges, nous avons remarqué M. Lahache.

Nous espérons bien ne pas nous borner à cette énonciation sommaire, et avoir l'occasion de faire connaître d'une manière plus complète les efforts et les succès des honorables confrères auxquels nous venons de consacrer ce rapide souvenir.

Citons encore :

— M. Bella, directeur de l'École impériale d'agriculture de Grignon, dont l'exposition se compose de froments, de fourrages, de racines, de miels, de cires, d'alcools, d'eau-de-vie de cidre, d'œufs conservés, de laine, d'essences forestières, d'engrais et d'échantillons géologiques.

L'histoire, les travaux, les progrès de Grignon sont tout entiers dans cette riche collection qui a été honorée de la médaille.

Grignon est connu du monde entier. Les élèves de cette grande école pratique s'en vont partout appliquer la science qu'ils ont étudiée dans cette école modèle qui, à juste titre, fait autorité.

— M. Betz-Penot a obtenu la médaille pour ses maïs. C'est tout dire. Il y a dans cette récompense une intention bien marquée de reconnaître les grands services que cet homme de bien a rendus au pays par ses travaux de longue date et toujours incessants sur les moyens de faire entrer le maïs dans l'alimentation publique. M. Betz-Penot ne se repose jamais ; à peine a-t-il constaté un nouveau succès, qu'il en cherche un autre. Cet honorable collègue fera du maïs une plante sacrée.

— M. Charvat, curé de Réauville, créateur et président du comice agricole de cette petite commune, a reçu une mention honorable pour sa collection de céréales, d'amandes et de garances. Encore un intrépide champion pour l'agriculture, qu'il honore par ses actes et ses écrits.

— M. Clamageran avait eu l'honneur d'être nommé par M. le préfet de la Gironde membre de la commission chargée de provoquer dans son arrondissement les demandes et déclarations relatives à l'Exposition de Londres. Il s'est acquitté de sa mission avec la plus louable activité et avec le discernement que donne une longue expérience ; de plus il avait déterminé les principaux producteurs de vins blancs et rouges du canton de Sainte-Foy à exposer, et dix d'entre eux avaient répondu à son appel.

Conformément à son mandat, notre collègue M. Clamageran avait déclaré :

1° Des instruments d'agriculture;
2° Des drains et autres produits céramiques;
3° Des chaux.

Qu'est-il advenu?

M. Clamageran a obtenu d'expédier 40 bouteilles de vin!

Quant aux instruments, refus d'exposer, faute de place, écrivit M. le commissaire général de la commission impériale.

C'est la première fois que M. Clamageran se voit refuser le droit de concourir.

Ainsi, malgré la position officielle que lui donnait le titre de membre de la commission départementale, malgré la parfaite exécution de ses instruments et de ses autres produits, constatée par des médailles de première classe obtenues à différents concours, on l'a tenu à l'écart. — Il est vrai qu'on a accueilli 40 bouteilles de vin qui ne sortaient pas de sa cave.

Sic vos non vobis nidificatis, aves!

Cette exclusion, qui ne peut s'expliquer que par un malentendu, ne nous empêchera pas de répéter que M. Clamageran fabrique, à La Lambertie, d'excellents instruments agricoles fort estimés dans la Gironde, et que tous les produits de sa tuilerie jouissent d'une vogue incontestable.

L'erreur, car c'est une erreur, dont il a été victime, sera sans doute l'objet d'une réparation.

— M. J. DALLE a envoyé tout simplement à Londres de très-beaux lins de sa récolte. La médaille a été donnée à l'exposition collective dont cet honorable collègue fait partie. M. Dalle est un homme de progrès.

— M. FRANCESCHINI a exposé des huiles d'olive surfines pour l'exportation. Ces huiles sont le résultat d'un travail opiniâtre, car il s'agissait de substituer à une routine vicieuse et à un vieux matériel existant depuis des siècles, une fabrication plus parfaite et un matériel perfectionné, dont les forces mécaniques ont été empruntées à des agents naturels d'une puissance irrésistible. Les huiles de Corse s'étaient toujours vendues sur la place de Marseille à des prix excessivement bas et souvent inférieurs à celles de Tunis; il n'en est plus ainsi. Ces huiles, grâce à la persévérance de M. Franceschini, ont aujourd'hui une marque respectable et s'exportent avantageusement en Amérique.

La Corse s'agite, le feu sacré des conquêtes agricoles et industrielles a gagné du terrain. Attendons-nous à la voir désormais tenir un rang respectable dans la production.

— M. GALLAND, de Ruffec, a exposé un cadre de 2 mètres de diamètre contenant du blé hybride-Galland, avec paille, épis et grains; ce blé est d'un fort rendement; des nouveaux blés sans écorce; six espèces de maïs; trois sortes de maïs hybrides obtenus par croisement. Une de ces espèces, dite de Pensylvanie, est hâtive et très-productive. Ces succès d'hybridation sont le résultat de onze années d'essais.

M. Galland a aussi envoyé à Londres un cadre contenant le dessin de son appareil conservateur des céréales, dont nous avons déjà entretenu le Comité d'agriculture.

L'ensemble de cette exposition lui a valu une mention honorable. Si les travaux de cet excellent agriculteur avaient pu être connus du jury comme nous les connaissons, nul doute que la médaille ne se fût pas fait attendre.

— MM. GIRAUD frères, dont la place était assurément dans la deuxième classe, et que nous maintenons ici pour ne pas nous brouiller avec le Catalogue, ont exposé des huiles d'olive, des huiles parfumées, des extraits, des essences et des eaux distillées.

Tous ces produits flattent la vue, et quand on connaît leur provenance comme nous la connaissons, on n'hésite pas à les proclamer d'excellente qualité. Aussi ont-ils emporté la médaille.

— M. de LENTILLAC, directeur de la ferme-école de Lavallade, a exposé des céréales, des oléagineuses, des pommes de terre, ognons, ail, tabac et de la graine de vers-à-soie, des cocons et de la soie. Cette précieuse collection a emporté la médaille.

— M. SCHATTENMANN, de Bouxvillers, a obtenu deux médailles et une mention honorable. C'est un des grands succès de l'exposition. Cet honorable collègue avait adressé des échantillons géologiques de la région de l'est, des plans, des types d'animaux, des céréales, des plantes légumineuses, tuberculeuses, fourragères, textiles, oléagineuses, des tabacs et des vins.

Tout cela porte l'empreinte d'une supériorité marquée et indique des travaux basés sur les meilleures données de la science agricole.

— M. VANDERCOLME a été récompensé dans la troisième et la neuvième classe. Dans la troisième, par une médaille pour ses froments et avoines en gerbes, pour ses foins et ses plans de drainage ; dans la neuvième, pour ses plans de la commune de Rexpoëde, qui lui avaient déjà valu la médaille de première classe en 1855.

M. Vandercolme jouit d'une grande popularité dans le département du Nord, qui lui est redevable de notables améliorations culturales.

Il a fait rendre à l'agriculture du Nord un nombre infini d'hectares jusqu'alors improductifs, et son exemple a porté ses fruits.

M. Vandercolme est du nombre de ces hommes au coup d'œil sûr, à l'esprit actif et entreprenant qui, après avoir conçu un projet utile, l'exécutent avec une étonnante rapidité. Si nous avions à évaluer en chiffres les services qu'il a rendus au pays, il faudrait parler de plusieurs millions ajoutés à sa production.

Nous avons encore trouvé dans la troisième classe les engrais fabriqués par M. Léon KRAFFT avec des matières animales, à l'abattoir municipal de la ville de Paris ; le mastic à greffer à froid et à cicatriser les plaies d'arbres de M. LHOMME-LEFORT, mastic aujourd'hui fort répandu parmi les horticulteurs, en raison de l'extrême facilité avec laquelle on le manie et de ses propriétés de durcissement presque instantané ; et la poudre insecticide de M. VICAT, poudre dont nous avons fait usage et que nous proclamons de nouveau excellente pour la destruction de la vermine qui attaque les intérieurs et des insectes qui rongent nos jardins.

Donnons aussi un souvenir à l'un de nos collègues d'Italie, M. FIORENTINO, de Florence, qui avait envoyé du sainfoin de magnifique apparence.

La forme collective a aussi été adoptée pour les richesses vinicoles de la France.

Dans la collection bordelaise nous comptons plusieurs collègues, MM. le comte Karl de PUYSÉGUR et d'ETCHEGOYEN.

Dans l'exposition bourguignonne, nous avons à citer nos collègues, MM. le comte de LIGIER-BELAIR, de BEUVERAND, CHAUVOT-LABAUME, FEBVRE-TROUVÉ, LABOURÉ-GONTARD et le comte de LALOYÈRE, qui préside le Comité d'agriculture de Beaune.

Notre excellent collègue et ami, M. Auguste Luchet, dans un article général sur les vins à l'exposition de Londres, fera ressortir beaucoup mieux que nous-même tous les trésors que la France vinicole renferme dans son sein. En présence du pêle-mêle, du désordre qui règnent dans les expositions collectives des vins français, nous n'hésitons pas à dire qu'il faudra un travail diabolique pour *les tirer au clair* [1].

Citons encore notre collègue M. CANNEAUX pour ses excellents vins de Champagne ;

— M. BERTRAND, pour ses vins de Muscat, de Lunel, etc., récoltés en France sur plants importés de l'étranger, honoré de la médaille ;

— M. BLANC-MONTBRUN, dont les généreux efforts, de père en fils, pour améliorer les vins blancs de La Rollière, forment une intéressante histoire que nous avons déjà fait connaître et sur laquelle nous reviendrons encore, car on ne saurait présenter un plus utile et plus patriotique exemple à suivre [2] ;

---

[1]. Tous les vins français étaient représentés à Londres, depuis les vins de table ordinaires jusqu'aux crus les plus renommés. — *Les plus nombreux*, comme espèce, étaient les Bordelais, 299 exposants ; les Bourgogne, 248 exposants ; Mâconnais, 47 exposants ; Dordogne, 34 exposants ; Hermitage, 26 exposants ; Gard, 15 exposants ; Ajaccio, 14 exposants ; Hérault, 11 exposants ; Loir-et-Cher, 11 exposants ; Beaujolais, 10 exposants, etc., etc.

Cette catégorie des produits de l'agriculture n'était pas abordable! On prétend que le travail de dégustation a pu se faire pour tous !... Nous nous empressons d'échapper à la responsabilité de cette assertion.

[2]. Nous ne parlons ici des excellents vins de La Rollière que pour mémoire, car, malgré notre bonne volonté, il nous a été impossible de les voir. Le représentant anglais de M. Blanc-Montbrun n'a pu lui donner aucune nouvelle de sa caisse. Notre collègue a écrit, de son côté, quatre lettres à M. le commissaire général de l'Empire français, et toutes quatre ont été accueillies par le silence le plus absolu. Nous savons cependant que la caisse est arrivée. Mais comme nous ne voyons pas de médaille au vin de La Rollière, nous sommes forcé d'admettre qu'on ne l'a pas goûté.

nous disputons à l'Italie son ancienne supériorité.

M. de Morville, dans un rapport bien étudié sur l'établissement de M. Bertrand, a fait connaître les travaux, les luttes et les succès de ce fabricant.— Tout ce que nous pourrions ajouter ici ne serait donc qu'une répétition.

— M. Brunet, de Marseille, en envoyant des échantillons de ses produits à l'Exposition universelle de Londres, a eu surtout en vue de vulgariser en Angleterre, comme il a contribué à le faire pour une large part en France, la consommation d'un article alimentaire précieux au triple point de vue de ses qualités salubres, nutritives et économiques.

M. Brunet, l'un des premiers, a reconnu les qualités du blé dur d'Afrique et les avantages qu'il pouvait offrir pour la fabrication des semoules, et ses convictions lui ont fait aborder résolûment la confection sur une vaste échelle de ce produit, aujourd'hui généralement accepté.

Notre collègue, M. Brunet, tire annuellement d'Afrique environ 160,000 hectolitres de blé dur, ce qui fait un mouvement de fonds de plus de trois millions de francs pour la colonie.

Sa fabrique de Marseille est un établissement modèle que nous nous proposons de visiter un jour nous-même, et sur lequel nous présenterons alors un mémoire complet.

Dans l'Exposition de l'Algérie, M. Brunet figure aux céréales de la province d'Oran. Le jury lui a accordé double médaille. Au mois de mai dernier, il avait remporté la médaille d'or à l'exposition de Perpignan.

Une intéressante notice sur la fabrication des semoules à Marseille a été publiée récemment.— Elle résume nettement les efforts et les succès de M. Brunet dont les services rendus à l'agriculture et à l'industrie sont de la plus éclatante évidence.

— M. Planque, de l'Oise, avait envoyé de très-belles fécules ; mais le jury a gardé le silence sur la valeur de ce produit.— Cet industriel doit être cependant classé parmi nos bons féculiers.

— M. L. Henry, de Strasbourg, a vu couronner par une médaille toutes les peines qu'il s'est données pour développer une industrie qui assure aujourd'hui l'existence d'un grand nombre de personnes.— Qui ne connaît les délicieuses terrines, les pâtés de foie gras et les timballes de foie gras au madère de la maison Henry? Ces excellents produits s'exportent, aujourd'hui, en toute sécurité, dans tous les climats. Nous avons déjà consacré à cet honorable collègue plusieurs colonnes de notre journal.— Nous sommes réellement heureux du succès qu'il vient d'obtenir et des développements que son établissement, fondé en 1829, ne cesse de prendre.

— M. Bonfils, de Carpentras, a exposé des truffes conservées. Dans l'impossibilité de les goûter, nous ne pouvons que renvoyer à l'appréciation qui a été faite de ce genre de conserves, il y a plusieurs années déjà, dans nos publications mensuelles, et ajouter que cette maison est parfaitement connue des gourmets.

— M. Chevet, qui avait eu la médaille de 1851, une médaille de 1re classe en 1855, ne pouvait manquer d'obtenir la médaille de 1862. Ce nom jouit d'une réputation européenne, pour ne pas dire plus. Les traditions les plus honnêtes et les plus confortables se sont conservées dans cette vieille maison à laquelle Brillat-Savarin aurait inévitablement voté une statue, s'il lui eût été donné d'en passer en revue les succulentes élucubrations.

— M. Chollet, cessionnaire des brevets de M. Masson, inventeur de plusieurs procédés de compression et de dessiccation de légumes, dirige en France un vaste établissement de conserves à l'usage des armées, des flottes et du public. Les produits de cette maison obtinrent en 1851 la grande médaille, et en 1855 la médaille d'honneur. La médaille de 1862 prouve que, si M. Chollet a éprouvé des revers commerciaux, sa fabrication du moins n'a pas souffert.

Les conserves Chollet rendirent d'éminents services pendant la guerre de Crimée ; mais cette guerre, qui pouvait être fort longue encore, venant à se terminer tout à coup, des quantités énormes de marchandises restèrent en magasin. Ce fut un coup terrible pour la maison Chollet, qui ne se découragea pas cependant et résolut de lutter énergiquement. MM. Chollet et Cie firent des sacrifices énormes pour ressaisir le terrain qu'ils avaient perdu, modifièrent leur fabrication, et profitèrent de cette grande leçon de prudence. Ils firent même plus : « ils prirent l'initiative d'une mesure que le respect de la santé publique devrait imposer à tous les fabricants de conserves alimentaires, et qui consiste à timbrer sur les boîtes de dedans au dehors, *ne varietur*, la date de la préparation des produits qu'elles contiennent, en indiquant que, passé le délai de deux ans, ils deviennent impropres à la consommation. » C'est là un exemple de haute moralité industrielle qui s'accorde parfaitement avec nos principes, avec notre haine contre tous les misérables qui attentent à la santé publique par l'altération et la sophistication des substances alimentaires.

L'industrie de M. Chollet a repris largement son essor. L'usine centrale de la rue Marbeuf est en pleine prospérité. Son atelier de pression est d'une puissance inouïe. — Imaginez une batterie de 28 presses hydrauliques d'une force de 300,000 kilogrammes chacune, pour la compression des légumes desséchés, lesquelles presses représentent une masse de 500,000 kilogrammes de fer et de fonte avec une force de 150 chevaux-vapeur.

Et pour animer tout ce matériel une moyenne de 700 à 900 ouvriers.

Les produits de la maison Chollet ont pénétré partout. La culture maraîchère, avec un établissement pareil, trouve un débouché aussi rapide que sûr. Or, combien de terres, en France, on pourrait convertir à cette culture !

— M. Drioton, dans le but de faire vivre un nombre considérable d'hommes et de femmes qui étaient obligés de s'expatrier, a créé dans la commune de Saint-Seine un établissement modeste qui a réalisé ses espérances. M. Drioton fait tout simplement de très-bonnes confitures avec l'épine-vinette, et bientôt on dira, grâce à lui : l'épine-vinette de Saint-Seine, comme on dit les groseilles de Bar-le-Duc. Les résultats obtenus par M. Drioton sont considérables : il a pour ainsi dire ressuscité autour de lui l'amour du clocher, et donné un peu d'aisance à bien des pauvres. Voilà ce que le jury eût dû trouver au fond de ses pots de confiture ! Nous l'avons bien trouvé, nous !

Les chocolats, qui jouent un si grand rôle dans l'alimentation, étaient représentés à Londres par les meilleurs fabricants français et étrangers.

Parmi ceux de nos collègues qui exercent cette industrie avec le plus de succès, nous citerons, à Paris, M. Choquart, fournisseur de la cour, dont la maison, fondée il y a douze ans à peine, jouit déjà d'une grande réputation. M. Choquart a cherché longtemps et a fini par trouver d'heureux procédés de fabrication. Ses produits sont d'une grande pureté, ils lui ont valu la médaille.

— M. E. Allais a établi à Passy une chocolaterie qui livre à la consommation des chocolats ordinaires et des chocolats ferrugineux qui ont obtenu la mention honorable. Nous ferons connaître plus particulièrement ces excellents produits.

— MM. Louit frères, de Bordeaux, se livrent à une fabrication multiple de chocolats, de pâtes alimentaires, de moutarde, de fruits au vinaigre, qu'ils exportent en tous pays. Cet établissement, fondé en 1825, s'est développé successivement à force de persévérance dans le travail et de perfectionnements dans les produits. Le jury a reconnu la supériorité de leurs articles par la médaille.

— M. Rubino, de Nice, a exposé du cacao et des chocolats que nous avons pu goûter. Notre opinion, corroborée de l'approbation de nos comités, est extrêmement favorable à notre nouveau compatriote. Pourquoi n'a-t-il rien eu à Londres ? Je ne sais ; mais, à coup sûr, ses produits sont de premier choix. Marseille et Turin, à la suite de leurs expositions, ont récompensé M. Rubino.

— M. Suchard, de Neuchâtel (Suisse), a obtenu la médaille pour son excellent chocolat. Nous pouvons en parler, comme de celui de M. Rubino, avec connaissance de cause. M. Suchard est à la tête d'une maison qui jouit à bon droit de l'estime générale. Ses produits sont réellement supérieurs.

Un rapport d'ensemble a été publié récemment dans le Recueil des travaux de l'Académie nationale sur le cacao et le chocolat en général. Ce rapport, de M. Th. Delbetz, secrétaire du Comité d'agriculture, a embrassé sous toutes ses faces cette branche d'industrie, que l'honnêteté de nos principaux fabricants a su rendre très-florissante. Souhaitons qu'ils persévèrent, et ne nous lassons pas de poursuivre ceux qui abusent de l'extrême facilité de tromper le public avec les chocolats à vil prix.

— M. Jacquemin, dont l'industrie a gagné énormément de terrain depuis plusieurs années, et que nous avons le plaisir de rencontrer à presque toutes nos expositions départementales, avait aussi adressé à Londres ses excellentes moutardes. L'établissement de cet honorable collègue a pris, je le répète, des proportions très-considérables et fait vivre un grand nombre d'individus. M. Jacquemin applique à ce produit des procédés de fabrication fort économiques, et le livre au commerce dans les meilleures conditions; aussi est-il fort recherché des amateurs.

— M. Sigaut, après avoir été mentionné honorablement en 1855, après avoir emporté la médaille de première classe à l'Exposition de Dijon, et obtenu plusieurs médailles de même ordre de diverses sociétés industrielles, a été complétement oublié à Londres. L'industrie qu'il professe avait une véritable supériorité, n'a pas été récompensée.

Il y a ici une question de principe à discuter. La fabrication des biscuits, pains d'épices, etc., etc., est-elle susceptible d'être récompensée, oui ou non? Oui, puisque vous l'admettez à exposer. Si vous considérez cette industrie comme trop secondaire, pourquoi ne pas le dire? pourquoi l'acceptez-vous?

Vous avez laissé faire des frais énormes aux fabricants de cette catégorie; vous avez admis au grand banquet de juin leurs produits, qui ont été trouvés d'excellente qualité, et vous frappez d'une espèce de discrédit des hommes honorables qui sont venus, comme tant d'autres, vous soumettre les résultats de leur travail. Mais ce silence est inexplicable! Mais cette industrie, qui occupe une place sérieuse dans notre régime alimentaire, ne méritait pas ce dédain!

M. Sigaut, en vouant son intelligence à cette partie, a rendu des services relatifs. Ses biscuits, ses pains d'épices au miel pur, ses pâtisseries sèches pour les voyages de long cours, ses gâteaux au maïs pour le thé, sont acceptés avec faveur sur toutes les tables.

L'établissement de M. Sigaut date de 1850, occupe dix-huit hommes et dix femmes, emploie comme force motrice la machine Lenoir, et comme chauffage deux fours Gondolot, se chauffant par-dessous, avec cuisson permanente. Il fabrique par jour, en moyenne, 500 douzaines de nonettes, 200 kilogr. de pains d'épices divers et 3,000 douzaines de biscuits, non compris bien d'autres articles dont la vente varie suivant les saisons.

Tous ces considérants méritaient d'être plus sérieusement pesés.

Sériciculture. — La soie joue un très-grand rôle à l'Exposition de Londres — on la rencontre partout. — Nous n'avons à nous occuper ici que de la matière première; nous traiterons la question des tissus à la vingtième classe.

MM. Barrès frères ont obtenu la médaille pour leurs belles soies grèges et ouvrées. L'établissement de Saint-Julien-Saint-Alban, fondé à la fin du dernier siècle, est classé aujourd'hui en première ligne pour la filature des cocons et le moulinage des soies; les organsins pour satins qui sortent de leurs ateliers jouissent d'une grande réputation. MM. Barrès frères avaient déjà reçu la médaille de 1re classe à l'Exposition universelle de 1855.

— M. Gascou neveu a aussi exposé des cocons et des soies; la spécialité de sa maison, si je ne me trompe, est surtout la gaze à bluter. Ces gazes, appréciées à l'Exposition de 1855, ont valu à M. Gascou une médaille de 2e classe. La perfection à laquelle est arrivé M. Gascou dans les gazes, indique qu'il excelle dans la filature de la soie ou le dévidage des cocons, qui se rattache si étroitement à la fabrication de la toile à bluter.

La filature de M. Gascou est un modèle de construction et d'organisation intérieure.

Il est certains produits de cette maison dont on ne peut suivre les détails qu'à la loupe.

— M. Guérin-Méneville, ce noble et infatigable travailleur auquel le jury a décerné la médaille, a fait de la question de la soie la grande occupation de son utile carrière. Son nom se rattache à la plupart des progrès accomplis depuis vingt ans; connaissances théoriques et pratiques, tout est réuni dans cette belle intelligence qui ne sait pas se reposer. Pendant la période si funeste que nous venons de traverser, alors que la science s'avouait impuissante pour conjurer la maladie qui tuait le ver ou le faisait dégénérer, M. Guérin-Méneville a combattu le fléau avec toute l'énergie possible; bien des fois il a relevé le courage des sériciculteurs.

Le dernier succès de cet honorable collègue est le ver à soie de l'ailante. L'empereur, cette fois, s'est un peu occupé du nouveau-né, et, grâce à lui, M. Guérin-Méneville a pu donner à cette culture des proportions convenables. Le ver à soie se nourrissant des feuilles du vernis du Japon est un service immense rendu à la sériciculture.

— M. Nourrigat a fait les plus grands efforts pour propager les bonnes méthodes et les meilleures races de vers, et pour les répandre, il a rédigé et publié plusieurs mémoires d'un grand intérêt. — Il avait envoyé à Londres des soies grèges, — des vers à soie nourris avec des feuilles de mûrier soufré.

M. Nourrigat, qui obtint en 1855 une médaille de première classe et depuis plusieurs médailles d'or à différents concours, méritait mieux qu'une mention honorable.

Décision inexplicable et qui laisse croire, ici comme ailleurs, que le jury n'a pas été suffisamment éclairé sur le mérite d'un homme qui a beaucoup travaillé et beaucoup sacrifié pour l'amélioration de la sériciculture française.

Parmi nos plus intelligents sériciculteurs, l'Académie nationale se plaît à placer M. Nourrigat au premier rang.

— MM. Vernet frères ont été mentionnés honorablement pour leurs soies grèges et ouvrées. Nous avions pu examiner attentivement leurs produits, au sein du Comité des arts et manufactures, avant de nous rendre à Londres, et, à l'unanimité, ils avaient été reconnus de premier ordre et renvoyés à notre Comité des récompenses.

L'établissement de MM. Vernet occupe un grand nombre d'ouvriers. — Sous tous les rapports, il fait honneur au département du Gard.

Nous retrouverons MM. Nourrigat et Vernet à la vingtième classe.

Nous serions inexcusables de ne pas donner quelques mots en passant à l'établissement Vilmorin, dont tous les pays sont tributaires. Cette maison est toujours à la recherche des espèces et des variétés végétales dont l'agriculture et l'horticulture peuvent tirer un fructueux parti. Elle les identifie au sol et au climat de tel ou tel pays, et met tous les agriculteurs à même de donner la préférence aux végétaux qui s'approprient le mieux à tel ou tel sol, à telle ou telle localité.

Qu'il nous soit permis aussi de citer l'exposition de M. Javal. — Nous avons parcouru en 1861 l'immense propriété qu'il a créée dans les landes de Gascogne. — Nous avons visité son exposition avec d'autant plus d'intérêt; — nous avons retrouvé là tous les produits de sa terre d'Arès : appropriation des productions spontanées, bois de pin maritime avec leur gemmage et leurs résidus de pommes, de grains, de résine, de galipot, de térébenthine, de colophane, de brai et de goudron; froment, seigle, orge, maïs, avoines, millet, sarrasin, tabac, pommes de terre, topinambours, panais, betteraves, carottes, potirons, foins, luzernes et vins.

Quel argument en faveur des landes de Gascogne, mais aussi que d'intelligence et de volonté déployées !

L'exposition de M. Bignon, de Theneuille, nous a causé aussi une certaine satisfaction... Cet habile agriculteur nous fait assister, pour ainsi dire, à la naissance d'une propriété. — Elle est pauvre d'abord ; puis, à force de travail et d'intelligence de la main qui la dirige, elle s'élève graduellement et finit par faire sa fortune. L'agriculture bien comprise et sincèrement aimée fournira de pareils exemples tant que l'on voudra.

Nos éloges aussi les plus complets à l'exposition de la Société impériale d'acclimatation; à celle des principaux types de mammifères et d'oiseaux utiles et nuisibles des trois régions agricoles de la France, réunie avec le concours du Muséum d'histoire naturelle de Paris ; à l'exposition de l'Institut normal agricole de Beauvais, et généralement à toutes les expositions collectives départementales.

Comparativement à nous, l'Angleterre est pauvre dans la troisième classe ; elle a cependant pour elle ses excellentes bières, ses riches collections de houblons, etc., etc..., mais tout cela ne réchauffe pas. — Nous trouverons l'Angleterre beaucoup plus grande dans la neuvième classe. — Il semble réellement qu'elle ait réservé toutes ses forces pour créer des instruments de travail.

Somme toute, notre beau pays de France n'a rien à envier ici à qui que ce soit. Nul ne présente de produits supérieurs à nos vins, à nos légumes, à nos fruits, à nos bois, à nos viandes, — à nos viandes, oui, messieurs les Anglais, — n'en déplaise aux opinions différentes. Vos viandes anglaises sont plus grasses, plus dodues que les nôtres, le tissu adipeux y domine, mais la partie musculaire fait défaut, et j'avoue très-carrément que je préfère le rosbif d'un bœuf normand de la vallée d'Auge à celui d'un durham élevé dans les pléthoriques pâturages d'Albion.

Nous avons vu en Suède de très-beaux froments et de très-belles avoines envoyés par notre collègue M. le baron de Sprengporten, et de très-beaux froments, également adressés par notre collègue M. Erickson.

Nous avons remarqué en Suisse le nom de notre collègue M. Ziegler-Pellis, inscrit sur plusieurs bouteilles de vin; le même nom encore signé sur de très-jolis objets de terre cuite.

M. Ziegler-Pellis, dont nous connaissons depuis longtemps le mérite et la grande activité industrielle, a obtenu la mention honorable.

Nous n'avons pu que saluer en passant l'Espagne et tous les produits de son riche climat, vins, huiles, figues, oranges, fleurs, etc.; le Portugal et ses vins généreux, ses huiles, ses fruits succulents; l'Autriche et ses productions beaucoup plus froides; la Grèce et sa végétation méditerranéenne; la Russie, la Prusse, la Belgique, tous les pays enfin qui étaient placés dans la troisième classe, y compris les colonies anglaises, si florissantes et si riches, et qui nous font jeter un regard d'amertume sur notre Algérie qui, elle aussi, pourrait être riche et puissante...

Tous ces produits divers, si multiples, se croisent et s'entrelacent pour la plus grande gloire du genre humain. On sent à chaque pas que Dieu a été juste pour tous et que, dans son incommensurable bonté, il a réparti équitablement toutes les richesses qu'il lui a plu d'accorder à l'homme... Seulement, entendez-vous, a-t-il dit, vous avez besoin les uns des autres, échangez!

Il n'y a pas sur le globe de peuple déshérité; tous ont leur part au banquet de la création; Dieu voudra sans doute que tous les peuples, unis par une sainte alliance, à eux, se donnent un jour fraternellement la main! Les expositions universelles hâteront la solution de ce problème évangélique.

Les grandes expositions que nous avons vues, et surtout celles que nous espérons voir encore, doivent être avant tout un enseignement. Or, pour que cet enseignement porte ses fruits, il faut s'efforcer de rendre les études faciles et ne plus exposer les visiteurs ou les écrivains à aller chercher à toutes les extrémités d'un palais immense les objets qu'il est important de comparer. — C'est à fatiguer le chercheur le plus intrépide. — N'est-il pas temps de trouver un remède à cet état de choses? Ne serait-il pas plus logique de réunir les produits similaires et d'établir entre les différentes nationalités une sorte de fusion qui n'exclurait nullement des indications spéciales à chacune d'elles? Cette combinaison, si elle ne s'accordait pas avec les exigences architecturales, aurait au moins le sérieux avantage de favoriser l'esprit de comparaison, de diminuer les fatigues du jury et de donner aux gens d'étude, d'industrie et de commerce, au public enfin, des idées nettes et sans prévention sur la valeur des choses, sur les ressources respectives des différentes nations, sur le degré de civilisation de chacune d'elles.

Le rapprochement des produits similaires, je le répète, en changeant la face des expositions, donnerait des résultats inattendus.

Deux mots encore avant de passer à une autre section, et afin que notre voix puisse être entendue à temps, avant la clôture de l'exposition.

Le gouvernement français a très-sincèrement excité nos industriels à se rendre à Londres et à relever le plus honorablement possible le gant que l'Angleterre venait de jeter à l'industrie de tous les peuples; il a, en maintes circonstances, calmé bien des mécontentements et recommandé toujours une certaine abnégation; il a souffert que, faute de place, on écartât du concours des milliers de méritants... mutilation déplorable et devant laquelle il eût peut-être été plus convenable de se retirer... La commission française enfin a souscrit à toutes les exigences de l'hospitalité anglaise... Mais il lui reste quelque chose à faire. Certains verdicts du jury doivent être fièrement redressés; certains industriels français doivent être hautement relevés, et si dans plusieurs cas l'Angleterre n'a pas craint de frapper des industries rivales, quelqu'un sans doute aura le courage de le dire.

Nous en appelons donc au gouvernement même, et nous espérons qu'à la suite de l'exposition il ne craindra pas de rectifier les jugements erronés qui auront pu être portés par un jury dans lequel nous étions représentés par un neuvième, tandis que nous formions le cinquième des exposants.

Cet acte de redressement sera accueilli avec une immense satisfaction et cicatrisera bien des blessures faites par des mains invisibles.

Du reste, un homme d'un incontestable mérite, M. Rouher, ministre de l'agriculture et du commerce, est venu étudier à Londres l'exposition française; le prince Napoléon lui-même l'a parcourue bien des fois; tous deux ont exprimé sur toute la ligne une satisfaction fort peu équivoque; espérons donc pour certains oubliés et certains vaincus de Londres une juste réparation.

Nous parlerons à la fin de cette revue de la proclamation générale des récompenses de Londres. Constatons seulement ce fait en passant.

Et 1855, l'Académie nationale avait exprimé le vœu que les délibérations du jury fussent connues dès les premiers mois d'une exposition universelle quelconque, afin que les exposants lauréats pussent profiter plus largement des fruits de leur victoire. Ce vœu a été complétement réalisé en 1862. Espérons qu'il en sera de même de celui que nous venons d'exprimer encore relativement à la classification des produits.

(Incessamment la suite.)

Statistique des médailles décernées.

Voici comment les 6,884 médailles décernées le 11 juillet se répartissent entre les différents peuples:

Angleterre et colonies anglaises...	2,408
France et Algérie..............	1,533
Autriche...	497
États divers de l'Allemagne.......	399
Prusse.......................	329
Belgique.....................	244
Italie........................	223
Russie.......................	173
Portugal.....................	161
Suède et Norvége..............	153
Espagne.....................	123
Suisse.......................	117
Colonies françaises.............	92
Égypte et Turquie..............	86
Hollande.....................	67
Danemark....................	59
États-Unis....................	57
Grèce........................	57
Brésil........................	46
Pérou et Amérique centrale.......	23
États-Romains.................	19
Chine, Indo-Chine, Madagascar et Libéria......................	18

Les omissions qui nous seront signalées seront l'objet d'un chapitre supplémentaire.

Le Directeur général, Rédacteur en chef,

AYMAR-BRESSION.

PARIS. — IMPRIMERIE DE J. CLAYE, RUE SAINT-BENOIT, 7.

www.ingramcontent.com/pod-product-compliance
Lightning Source LLC
Chambersburg PA
CBHW061004050426
42453CB00009B/1253